AF313941

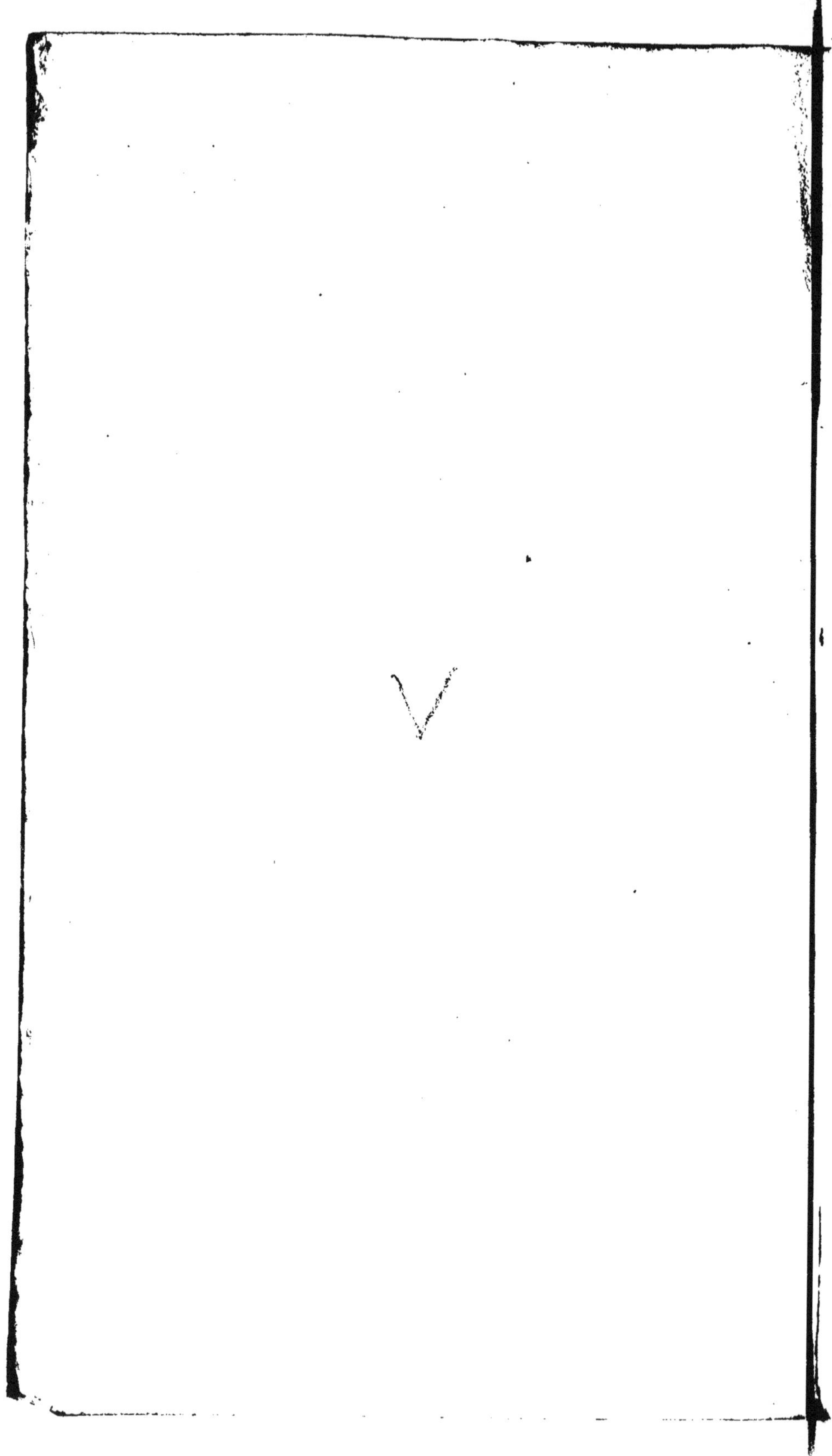

MANUEL

DE

CHANT SACRÉ.

PREUVES DE LA RELIGION, exposées dans leur enchaînement et leur suite, par M. l'abbé LACOSTE, docteur en théol. et ancien curé de Genève; 2 gros vol. in-12. 6 fr.

Le Christianisme s'est vu combattu dès son premier âge par l'hérétique et l'incrédule. Chaque époque lui amène une épreuve nouvelle, et sans cesse il lui faut préparer de nouvelles armes.

En traitant une matière qui a été plus d'une fois mise en œuvre avec supériorité, il fallait que le nouveau travail fût en rapport avec les besoins du moment, avec le cours des idées que le temps et l'opinion ont amenées dans la société.

Il fallait que ce livre fût l'œuvre d'un prêtre nourri des hautes études ecclésiastiques, et d'un écrivain qui sût plaire et intéresser en instruisant. Fruit d'une longue vie consacrée aux méditations religieuses et aux exercices de la prédication, le nouvel apologétique expose sous un jour manifeste les titres de la Religion à la croyance des hommes, en les appuyant sur un enchaînement de preuves de fait qui ne laissent aucun subterfuge aux esprits droits et sincères qui cherchent la vérité.

PLANS DE DISCOURS, ou Projets d'Instructions et de Conférences sur les vérités de la Religion; par M. LACOSTE, ancien curé de Genève, et vicaire-général du diocèse de Dijon; 2ᵉ édit., revue et considérablement augmentée par l'auteur; 3 vol. in-12, 8 fr. 50 cent., à 7 fr. 50 cent.

TRAITÉ DE LA VÉRITÉ de la religion Chrétienne, suivi du Traité de la Divinité de N.-S. J.-C., et de l'art de se connaître soi-même, par J. ABBADIE; nouvelle édit., avec des notes explicatives ou critiques, par M. l'abbé LACOSTE, vicaire-général de Dijon; 4 gros vol. in-12 bien imprim.; au lieu de 10 fr. 6 fr. 50 c.

CHOIX DE PENSÉES sur la Religion et sur l'Écriture Sainte, par M. PEIGNOT; 1 vol. in-18, papier fin imprimé avec luxe. 1 fr. 25 cent.

PENSÉES THÉOLOGIQUES relatives aux erreurs du temps, per Dom JAMIN, rel. de la Cong. de Saint-Maur; 1 vol. in-12, 2 fr. à 1 fr. 25 cent.

TRAITÉ DE LA LECTURE CHRÉTIENNE, dans lequel on expose des règles propres à guider les fidèles dans le choix des livres, par le même; 1 volume in-12, 2 fr. à 1 fr. 25 cent.

LE FRUIT DE MES LECTURES, ou pensées extraites des auteurs profanes, relatives aux différents ordres de la société, par le même; 1 vol. in-12, 2 fr. à 1 fr. 25 cent.

MANUEL

DE

CHANT SACRÉ,

OU

LE PLAIN-CHANT,

ENSEIGNÉ PAR PRINCIPES

ET MIS EN RAPPORT

AVEC LA MUSIQUE.

Par P. BENOIT, Vicaire de S.-M.

DEUXIÈME ÉDITION,

revue par l'Auteur et augmentée de Chants et Motets nouveaux,
de Tableaux pour la Psalmodie, etc.

DIJON.

V. **LAGIER**, LIBRAIRE, ÉDITEUR, près St.-Michel.

1840.

AVIS DE L'ÉDITEUR,

SUR CETTE DEUXIÈME ÉDITION.

Le succès qu'obtint la première édition de cet ouvrage, malgré les circonstances fâcheuses dans lesquelles il parut en 1830, nous est un sûr garant que celle-ci ne sera pas moins bien accueillie du public.

En effet, il suffit de comparer les principes qui y sont exposés avec tout ce qui a été écrit jusqu'à ce jour sur le même sujet, pour être forcé de reconnaître ici une supériorité incontestable, soit dans la précision, soit dans l'ordre et la clarté avec lesquels ils sont établis.

De plus, l'auteur qui, lors de la première édition, désirait ne point choquer de vieilles habitudes et obtenir peu à peu une réforme nécessaire, n'avait qu'indiqué ce qu'il établit dans celle-ci sur le chant des *Ps.* fondé, comme alors, sur les autorités les plus respectables. Son travail, présenté comme il l'a fait, le rend non-seulement plus utile , mais encore tout nouveau et unique en son genre.

Enfin, la partie du supplément aux livres liturgiques le rend indispensable à tous les chantres des paroisses où l'on suit le rit de Paris : elle contient en effet des pièces qu'on ne trouve nulle part rassemblées aussi commodément, et qui pourtant sont d'un usage général. Cette portion seule suffirait pour nous justifier d'avoir compté encore une fois sur l'accueil bienveillant et éclairé des amateurs du Chant Sacré.

MANUEL DE CHANT SACRÉ.

Ce petit ouvrage comprendra trois parties :

Dans la première, nous parlerons des principes élémentaires du chant en général ;

Dans la deuxième, nous appliquerons ces principes au plain-chant parisien en particulier ;

Dans la troisième nous ferons les mêmes applications au plain-chant musical, et nous donnerons un supplément aux livres liturgiques de Paris.

PREMIÈRE PARTIE.

Principes élémentaires du chant.

CHAPITRE PREMIER.

Notions préliminaires.

§ I.

Des sons, des notes, des lignes et des tons.

Le chant est une succession de sons formés par la voix (1), et variés du grave à l'aigu.

---

(1) Il ne faut pas confondre *son* avec *ton*. Le son n'est autre chose que l'air mis en mouvement par un corps propre à cet effet, tandis que le ton est le plus grand intervalle qu'il y ait d'une note à celle qui la suit immédiatement dans la gamme naturelle. Le ton peut se partager, le son ne se partage point : il existe ou il n'existe pas ; mais, faible ou plein, long ou bref, il est toujours son : on ne dit point *demi-son*.

On appelle sons *graves* les sons inférieurs de la voix, et sons *aigus* les sons les plus élevés.

On représente ces différens sons et leur durée par des signes appelés *notes*. Il y a sept notes, dont voici les noms : *ut, ré, mi, fa, sol, la, si.* Elles sont en quelque sorte l'alphabet du chant ; et, comme la voix ne saurait être renfermée dans un espace aussi borné, on a la faculté de les répéter autant de fois que l'étendue de la voix le permet (1).

Pour marquer quand la voix doit s'élever ou s'abaisser, on a imaginé de placer ces notes sur quatre lignes horizontales, qui se comptent en commençant par le bas, et dans les espaces que forment ces lignes, ainsi qu'il suit :

(Nous supposerons ici une clef d'*ut* sur la quatrième ligne : nous ne l'y plaçons pas, n'en ayant point encore parlé.)

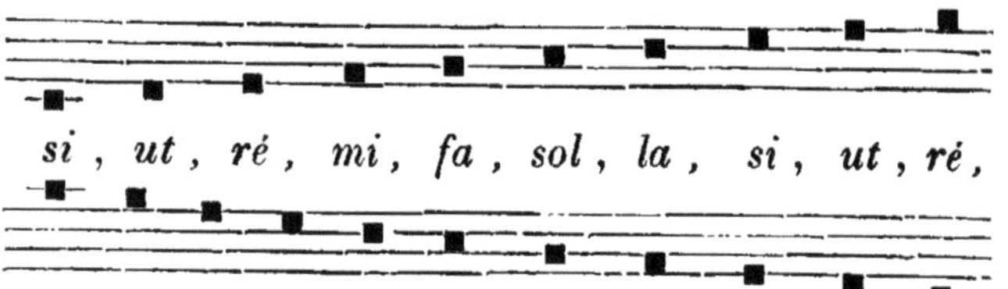

Lorsque le chant ne peut être renfermé dans les quatre lignes, on a la liberté d'ajouter, au-dessus et au-dessous, de petites lignes, comme on le voit ici : on les appelle *lignes ajoutées*.

---

(1) Quelques professeurs de chant ont substitué les chiffres aux noms des notes, ou même ont remplacé ces derniers par des syllabes plus sonores. Les chiffres seuls ont, selon nous, un grand avantage pour l'étude des intervalles, et nous souhaitons que ce procédé devienne plus général.

La distance qui se trouve entre chacun de ces sons lorsque la voix s'élève ou s'abaisse en les formant, n'est pas la même pour tous. Pour les uns, elle est plus considérable, et s'appelle *ton*; pour les autres, elle l'est moins, et s'appelle *demi-ton* (**1**).

Ces distances respectives des notes dépendent de quelques autres signes appelés *clefs*.

§ II.

Des clefs.

On appelle ainsi des signes placés au commencement de quelque pièce de chant que ce soit, et qui caractérisent les trois genres de voix qui peuvent les parcourir : les voix aiguës, les voix graves, et les voix qui tiennent le milieu.

La clef de *sol*, inusitée dans le plain-chant, est affectée aux voix aiguës ; celle de *fa*, affectée aux voix graves (en musique elle s'écrit ainsi) ; et celle d'*ut*, aux voix moyennes.

Elles se placent toutes sur différentes lignes, et donnent leur nom à la note qui est sur la même ligne qu'elles. La clef d'*ut* se trouve pourtant plus ordinairement sur la quatrième ligne, et celle de *fa* sur la troisième.

---

(1) Il ne faut pas envisager le demi-ton comme un intervalle dont le double forme exactement un ton, ce dernier ne se partageant point en deux intervalles parfaitement égaux.

§ III.

De la gamme et des degrés.

Après avoir fait connaître les sept sons, les lignes et les clefs, il est nécessaire d'apprendre à former ce que nous appelons la *gamme* (2).

On appelle *gamme* un intervalle composé de huit notes, formant cinq tons et deux demi-tons. En chantant les sept premières qui suivent :

Gamme montante.

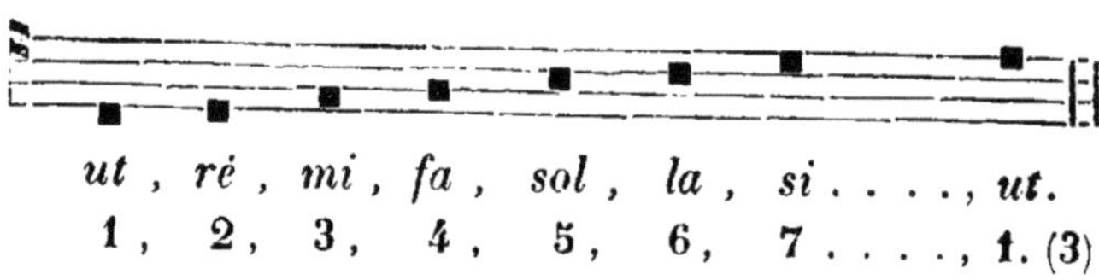

---

(1) Nous avons placé ici deux clefs de musique; parce que nous y comparerons à la fin celles du plain-chant.

(2) Ce nom vient de ce qu'autrefois les notes étant désignées par des lettres, la dernière était le G (en grec *gamma*), qui a donné son nom à la réunion de toutes.

(3) Voyez la note, page 8.

Gamme descendante.

ut ,   si ,   la ,   sol ,   fa ,   mi ,   ré ,   ut. (1),
1 ,   7 ,   6 ,   5 ,   4 ,   3 ,   2 ,   1.

Après la septième, l'oreille reste en suspens, et attend un repos. Par quel moyen l'obtenir ? Nous n'en avons point d'autre que de répéter l'*ut* (ou la première note) après la septième. Alors nous avons un intervalle complet, où les cinq tons et les deux demi-tons sont rangés dans cet ordre :

De l'*ut* au *ré* , un ton ; du *ré* au *mi*, un ton ; du *mi* au *fa*, un demi-ton ; du *fa* au *sol*, un ton ; du *sol* au *la*, un ton ; du *la* au *si*, un ton ; et du *si* à l'*ut* , un demi-ton. De même en descendant : de l'*ut* au *si*, un demi-ton ; du *si* au *la*, un ton ; du *la* au *sol*, un ton ; du *sol* au *fa* , un ton ; du *fa* au *mi*, un demi-ton ; du *mi* au *ré* , un ton ; et du *ré* à l'*ut* , un ton.

Cet intervalle de huit notes s'appelle aussi *octave*, et se subdivise en d'autres moins considérables, parmi lesquels on distingue, comme fondamentaux ou essentiels, ceux de *tierce* et de *quinte*. Les notes qui les forment avec la première de la gamme (qui s'appelle alors tonique), portent ces mêmes noms de *tierce*, *quinte*, *octave*; ce sont la 3e, la 5e, et celle qui reprend le chiffre 1.

______

(1) On voit que les notes placées à la même distance de la première, soit en montant, soit en descendant, portent le même nom, et conservent les mêmes intervalles avec celles qui précèdent ou qui suivent.

S'il n'y a que deux notes pour former l'intervalle, on dit qu'il est de *seconde;* s'il y en a trois, il est de *tierce*, etc.

Quand on prononce toutes les notes, le degré est *conjoint;* et quand on n'en prononce que les deux extrêmes, il est *disjoint.*

EXEMPLES (1).

Degrés de seconde.

(1) Nous avons placé deux clefs en tête de ces exemples, parce que les noms des degrés n'en dépendent point. Nous avons jugé aussi que ces exemples étaient suffisans: on peut d'ailleurs en former beaucoup d'autres qu'on exposera aux yeux des élèves, s'il est nécessaire.

Degrés de quinte.

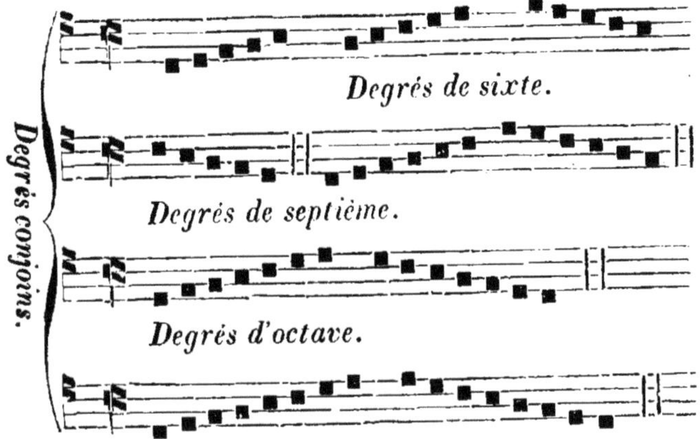

Degrés de tierce.

CHAPITRE II. (1)

Des Gammes naturelles, majeure et mineure.

La clef d'*ut*, placée sur la quatrième ligne, donne les intervalles suivans : d'*ut* à *ré*, un ton ; du *ré* au *mi*, un ton ; du *mi* au *fa*, un demi-ton ; du *fa* au *sol*, un ton ; du *sol* au *la*, un ton ; du *la* au *si*, un ton ; et du *si* au deuxième *ut*, un demi-ton, en montant. En descendant, on a : de l'*ut* au *si*, un demi-ton ; du *si* au *la*, un ton ; du *la* au *sol*, un ton ; du *sol* au *fa*, un ton ; du *fa* au *mi*, un demi-ton ; du *mi* au *ré*, un ton ; et du *ré* à l'*ut*, un ton.

La clef de *fa*, placée sur la troisième ligne, donne à son tour les intervalles suivans : du *la* au *si*, un ton ; du *si* à l'*ut*, un demi-ton ; de l'*ut* au *ré*, un ton ; du *ré* au *mi*, un ton ; du *mi* au *fa*, un demi-ton ; du *fa* au *sol*, un ton ; et du *sol* au *la*, un ton, en montant. En descendant : du *la* au *sol*, un ton ; du *sol* au *fa*, un ton ; du *fa* au *mi*, un demi-ton ; du *mi* au *ré*, un ton ; du *ré* à l'*ut*, un ton ; de l'*ut* au *si*, un demi-ton : et du *si* au *la*, un ton. Voici un tableau qui montrera la similitude et les différences de ces deux gammes :

---

(1) Nous ne saurions trop recommander l'étude consciencieuse de toute cette 1ᵉ partie, jusqu'à la page 44. Nous n'avons mis ici que les connaissances indispensables, et nous renvoyons pour l'étude musicale, soit à notre Ut et La (un volume 2 fr.), soit aux traités spéciaux.

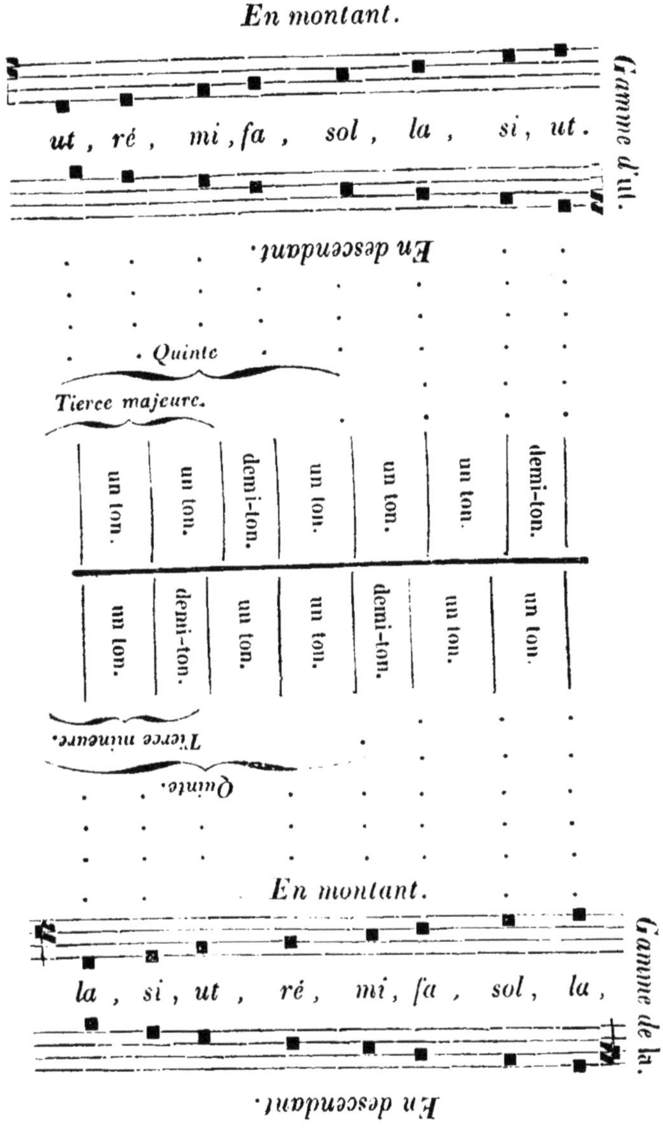

En montant.

ut , ré , mi , fa , sol , la , si , ut .

Gamme d'ut.

En descendant.

Quinte

Tierce majeure.

un ton.	un ton.	demi-ton.	un ton.	un ton.	un ton.	demi-ton.
un ton.	demi-ton.	un ton.	un ton.	demi-ton.	un ton.	un ton.

Tierce mineure.

Quinte.

En montant.

la , si , ut , ré , mi , fa , sol , la ,

Gamme de la.

En descendant.

M'abstenant de tout système, j'ai cru devoir présenter la gamme en *la*, comme elle est *ordinairement* notée dans les livres de plain-chant. Par la même raison, j'observerai que dans les pièces composées récemment on y a suivi les principes de la musique, qui sont que, dans une gamme quelconque, la septième note ne doit être éloignée de l'octave ou huitième, que d'un demi-ton dans la gamme *ascendante*, ce qui fait qu'on l'a écrite ainsi :

en plaçant devant le *fa* et le *sol* des signes qui servissent à les rehausser chacun d'un demi-ton. (Voyez ces signes au chapitre suivant.)

La gamme en *ut* et celle en *la* ont la même étendue, c'est-à-dire le même nombre de tons et de demi-tons : toute leur différence consiste dans le placement de ces derniers. On voit même que, dans les pièces bien composées, la différence essentielle est tout entière dans la *tierce*. Celle de la gamme en *ut* est de deux tons : on l'appelle *tierce majeure*, et toutes les gammes qui commencent ainsi sont dites *gammes majeures*. Celle de la gamme en *la* n'est que d'un ton et demi : elle s'appelle *tierce mineure*, et les gammes qui commencent ainsi sont dites *gammes mineures* (1).

---

(1) Les gammes majeures et mineures forment ce qu'on appelle les modes majeur et mineur. Le mode est la manière d'exprimer ses sentimens : or, quels qu'ils soient, on peut les rapporter à deux pour le chant : la joie, exprimée naturellement par les gammes ou le mode majeurs; et la tristesse, rendue naturellement par les gammes ou le mode mineur diversement varié.

CHAPITRE III.

Formation des gammes majeures et mineures sur d'autres toniques. (1)

Nous avons dit que la tonique ou première note de la gamme peut être celle que l'on voudra , un *fa*, par exemple , ou un *sol*, ou toute autre note (2).

On peut ainsi former un grand nombre de gammes majeures ou mineures ; mais on en a conservé trois seulement dans le plain-chant pour le mode majeur (3). Ce sont : la gamme d'*ut*, telle que nous l'avons donnée; celles de *fa* et de *sol*, que nous allons former.

Pour le mode mineur , deux seulement sont en usage : celle de *la*, donnée plus haut ; et celle de *ré*, que nous formerons pareillement (4).

---

(1) Nous savons ce qu'ont dit de notre enseignement certains auteurs qui ne se sont pas fait scrupule de copier des pages entières de notre 1ᵉ édition. Leur attaque loin de nous avoir fait changer de sentiment, n'a fait que justifier nos principes à cet égard , et nous nous contenterons de laisser juger les amateurs de chant.

(2) Dans la musique, il y a des gammes majeures et mineures sur toutes les notes, qui deviennent alors autant de toniques. Nous ne formerons ici que celles employées dans le plain-chant : c'est au maître de s'assurer si l'élève a compris ce que nous venons d'exposer, en lui faisant former des gammes sur d'autres toniques.

(3) Le mode, qui est en quelque sorte le style du chant, prend le nom de la gamme que l'on parcourt.

(4) Celle de sol mineur n'est en usage que pour quelques pièces et seulement dans quelques livres anciens , ou encore dans quelques passages particuliers de pièces dont la gamme principale est sur une autre tonique.

§ I.

Gammes en fa et en sol majeurs.

Voici comment on peut procéder pour former une gamme majeure quelconque. On compare les intervalles qui se trouvent au—dessus de la tonique sur laquelle on veut établir cette gamme, avec ceux qui sont au-dessus d'*ut*, tonique de la gamme modèle, ayant soin de les faire correspondre exactement avec ces derniers. En voici l'exemple pour la gamme en *fa* majeur, (1):

D'*ut* à *ré*, il y a un ton : ainsi du *fa* au *sol*, il faut aussi un ton, qui se trouve en effet, selon l'ordre naturel que nous avons remarqué aux chapitres précédens.

Du *ré* au *mi*, un ton ;   Du *sol* au *la*, un ton ;
Du *mi* au *fa*, un demi-ton.   Du *la* au *si*, un ton.

Ici les intervalles n'étant plus *naturellement* les mèmes, que devait-on faire pour rétablir la similitude? Puisque le *si* se trouve trop éloigné du *la* par son élévation, il n'y a qu'à le baisser d'un demi-ton, et alors son éloignement du *la* répondra à l'intervalle d'un demi-ton, qui se trouve entre le *mi* et le *fa* de la gamme modèle. On est convenu de représenter cet effet par un petit signe, ♭, appelé bémol, et qui annonce, lorsqu'il est immédiatement après la clef, que toutes les notes placées sur la même ligne ou le même intervalle que lui doivent être baissées d'un demi-ton. Ces

____

(1) Ayez sous les yeux le tableau donné, p. 20 ; et consultez pour plus de développemens, ou notre Ut et La, ou le savant ouvrage de M. Busset, intitulé : *la Musique simplifiée*, etc. à Dijon, 1836.

notes ajoutent alors à leur nom celui de ce signe, et s'appellent *si–bémols*, *mi–bémols*, etc. Quand le signe n'est pas immédiatement après la clef, il n'a d'effet sur les notes dont nous parlons que jusqu'à la première barre (**1**). Reprenons :

Du *mi* au *fa*, un de-mi-ton ;

Du *fa* au *sol*, un ton ;

Du *la* au *si–bémol*, un demi-ton, (**2**)

Du *si–bémol* à l'*ut*, un ton.

Car le *si*, ayant été baissé d'un demi–ton par l'intervention du bémol, ainsi que nous l'avons dit, doit se trouver d'un demi-ton plus éloigné de l'*ut* que dans la gamme naturelle, ce qui rétablit la correspondance.

Ensuite :

Du *sol* au *la*, il y a un ton ;

Du *la* au *si*, un ton ;

Du *si* à l'*ut*, un de-mi-ton ;

Il y a de même de l'*ut* au *ré*, un ton ;

Du *ré* au *mi*, un ton ;

Du *mi* au *fa*, un de-mi-ton.

Nota. Je ne donne point ici la formation des gammes en descendant ; ce sont absolument les mêmes intervalles entre les mêmes notes. L'élève pourra lui-même le remarquer dans les tableaux qui vont suivre, et le maître pourra lui en demander la formation.

Voici le tableau qui présente sous un même coup-d'œil les gammes d'*ut* et *fa* majeurs en correspondance :

---

(1) Voyez à quoi servent les barres, au Chap. IV.

(2) En chantant on ne prononce que le nom de la note sans ajouter les mots bémol, dièse, etc.

Gammes en fa et en sol majeurs.

En montant.

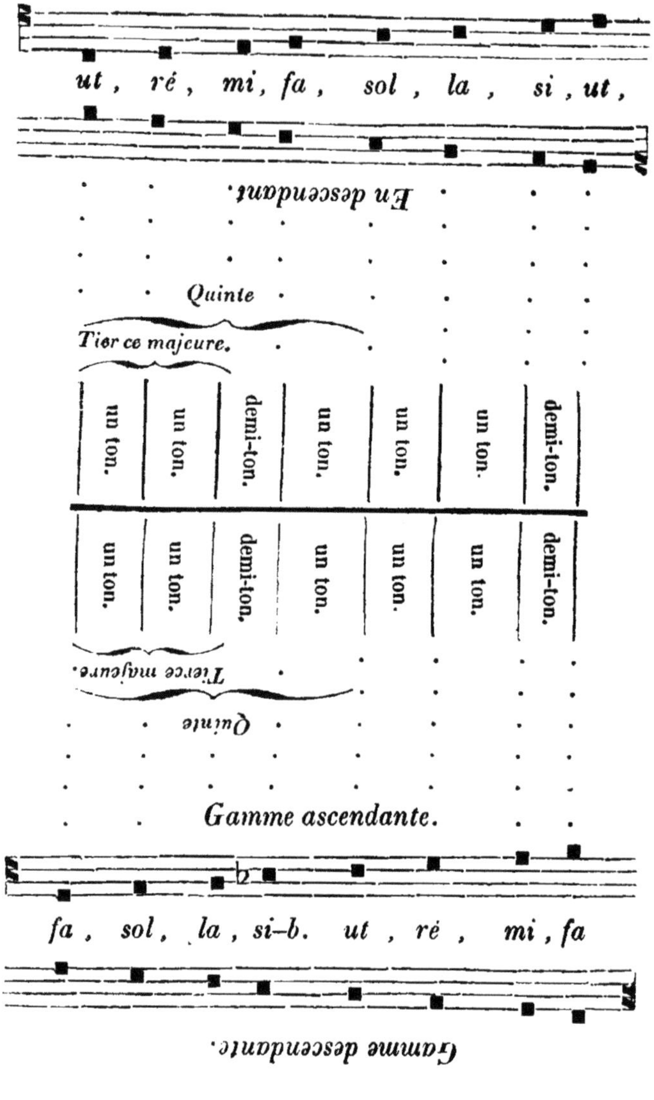

ut , ré , mi , fa , sol , la , si , ut ,

En descendant.

Quinte

Tierce majeure.

un ton.	un ton.	demi-ton.	un ton.	un ton.	un ton.	demi-ton.
un ton.	un ton.	demi-ton.	un ton.	un ton.	un ton.	demi-ton.

Tierce majeure.

Quinte

Gamme ascendante.

fa , sol , la , si–b. ut , ré , mi , fa

Gamme descendante.

Pour la gamme en *sol* majeur , on a la comparaison suivante :

D'*ut* à *ré* , un ton ;   Du *sol* au *la* , un ton ;

Du *ré* au *mi* , un ton ;   Du *la* au *si* , un ton ;

Du *mi* au *fa,* un de-   Du *si* à l'*ut*, un demi–ton ;   mi-ton ;

Du *fa* au *sol*, un ton ;   De l'*ut* au *ré* , un ton ;

Du *sol* au *la* , un ton ;   **Du** *ré* au *mi* , un ton ;

Du *la* au *si*, un ton ;   **Du** *mi* au *fa*, un demi-ton seulement.

La similitude est ici interrompue, et c'est précisé-ment dans le sens inverse de ce que nous avons vu en formant la gamme en *fa*. En effet, dans cette dernière, l'intervalle était trop considérable, et alors nous avons baissé la deuxième note : ici, prenons aussi le contre-pied ; et, puisque l'intervalle est trop faible, élevons d'un demi–ton la dernière note. Cet effet se marque par le signe, ♯, appelé dièse : on doit le placer à la clef comme le bémol, et son effet est soumis aux mêmes règles. Il donne aussi son nom aux notes qu'il précède. On dit : *fa–dièse, ut–dièse*, etc. Puis on a :

Du *la* au *si* , un ton ;   **Du** *mi* au *fa–dièse* ,
un ton ;

Du *si* à l'*ut*, un de-   **Du** *fa–dièse* au *sol*,
mi ton ;   un demi–ton ;

puisque le *fa*, ayant été, par l'intervention du dièse, éloigné du *mi*, s'est trouvé nécessairement rapproché du *sol* d'autant, c'est–à–dire d'un demi–ton.

(**Nota**. Il faut observer que cette gamme, qui de-vrait avoir tous ses *fa* ♯ conserve dans le plain-chant les *fa* naturels. C'est une faute qui choque les oreilles exercées. Nous en parlerons encore.)

Nous allons donner ici des exercices sur les gammes majeures en *ut*, en *fa* et en *sol* (1). On fera bien, avant d'aller plus loin, de les faire chanter aux élèves, en appliquant les principes exposés précédemment, et même de faire nommer les notes sur la gamme d'*ut*, comme si l'on parcourait celle de *fa* ou de *sol*, ou bien *vice-versâ :* ils en sentiront beaucoup mieux l'*homophonie* (2).

EXERCICES

Sur la gamme d'ut majeur.

PREMIÈRE PARTIE.

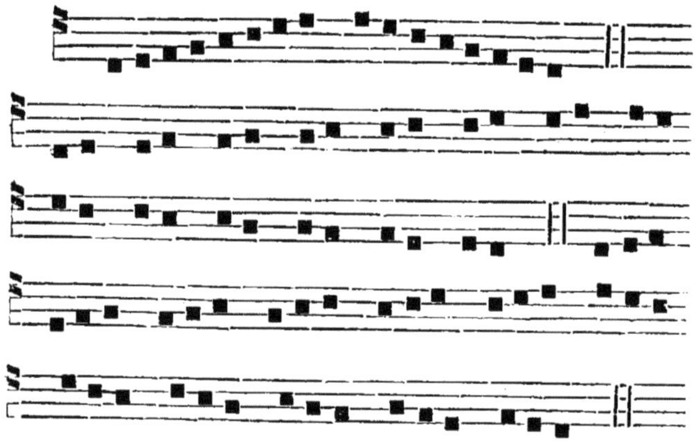

(1) Quelques-uns de ces passages sont tirés de la Méthode de Besançon. On peut étendre beaucoup les traductions en *fa* et en *sol*, que nous n'avons que commencées : c'est au maître à juger du besoin qu'en ont les élèves. Nous n'aurions pu ici les multiplier davantage.

(2) Ce mot signifie : *l'effet des sons semblables.*

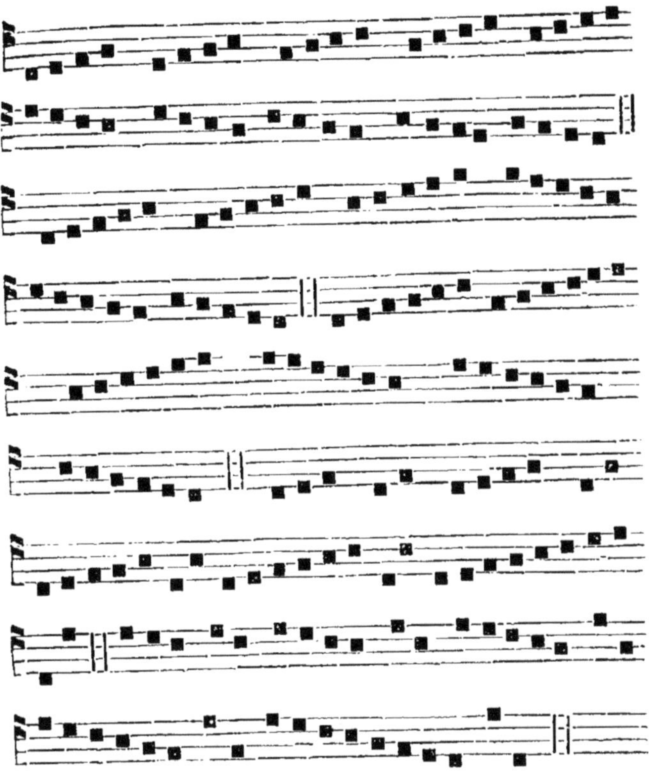

Deuxième partie.

Troisième partie.

Sur la gamme en fa majeur.

Passages traduits de la deuxième partie de celle d'ut.

Les passages en *sol* qui suivent, sont aussi traduits des précédens, et notés comme ils devraient l'être dans les livres de *plain-chant*.

§ II.

Gamme en ré mineur.

Pour les gammes mineures, on a la même comparaison à faire de celle que l'on veut former avec la
gamme modèle en *la*. Ainsi, par exemple, en prenant
pour tonique la note *ré*, on trouve (1) :

Du *la* au *si*, un ton ; Et conséquemment il
faut du *ré* au *mi*,
un ton ;

Du *si* à l'*ut*, un de- Du *mi* au *fa*, un demi-ton ; mi-ton ;

De l'*ut* au *ré*, un ton ; Du *fa* au *sol*, un ton ;

Du *ré* au *mi*, un ton ; Du *sol* au *la*, un ton ;

Du *mi* au *fa*, un de- Du *la* au *si*, un ton.
mi-ton ;

Ce *si* étant trop élevé, il faut le baisser d'un demi-

---

(1) Ayez sous les yeux le tableau donné, page 29.

ton, et cela comme nous l'avons fait pour la gamme en *fa* majeur, c'est-à-dire, en le bémolisant ; ce qui donne :

Du *mi* au *fa* , un de-mi-ton ;	Du *la* au *si–bémol* , un demi-ton ;
Du *fa* au *sol*, un ton ;	Du *si–bémol* à l'*ut* , un ton ;
Et du *sol* au *la*, un ton ;	Comme de l'*ut* au *ré* , un ton.

Voici le tableau de comparaison où nous les présentons telles qu'elles sont notées ordinairement dans les livres de plain-chant :

(*Observation*. On a déjà vu et l'on verra encore que le nom de la clef peut n'être pas celui de la gamme, et qu'ainsi la clef d'*ut* peut donner des gammes en *ré*, *mi*, *fa*, etc, soit majeures, soit mineures. C'est la *tonique* qui donne son nom à la *gamme*, et c'est la *tierce* qui en indique le *mode*. Voyez chacun de ces mots, p. 12, 15, 17 ; et voyez surtout notre ouvrage Ut et La, où cette théorie est développée tout au long, et présentée en tableaux frappans et qui ne se trouvent nulle part ailleurs.)

En montant.

la , si , ut , ré , mi , fa , sol , la ,

En descendant

Quinte

Tierce mineure.

un ton.	demi-ton.	un ton.	un ton.	demi-ton.	un ton.	un ton.
un ton.	demi-ton.	un ton.	un ton.	demi-ton.	un ton.	un ton.

Tierce mineure.

Quinte.

En montant .

ré , mi , fa , sol , la , si , ut , ré .

En descendant.

Nous répétons ici que, nous abstenant de tout esprit de système, nous avons indiqué, pour la gamme mineure *ascendante*, les intervalles comme on les trouve disposés dans les livres du chant parisien ; que pourtant la règle n'est pas tellement générale qu'elle ne souffre

2.

des exceptions, comme on peut s'en assurer par le chant de quelques pièces d'une composition plus récente, telles que la messe de Dumont, en *ré mineur*; l'*O filii*, etc., dans la Méthode de Lafœillée (en *la mineur*), édition de Lyon, 1808, page 406. On a suivi, pour ces pièces, les principes de la musique; c'est-à-dire que les gammes mineures y présentent en montant les intervalles suivans :

Gamme ascendante.

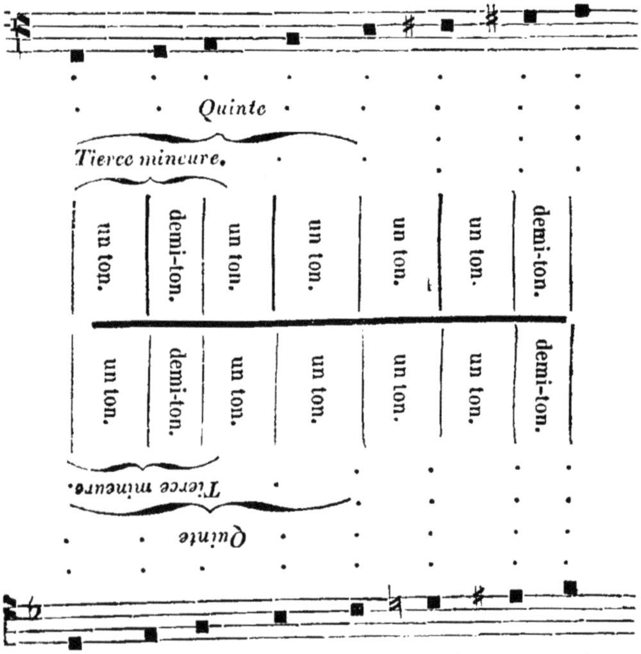

Voici pour les gammes mineures quelques exercices, comme nous en avons donné pour les gammes majeures :

Première partie.

Deuxième partie.

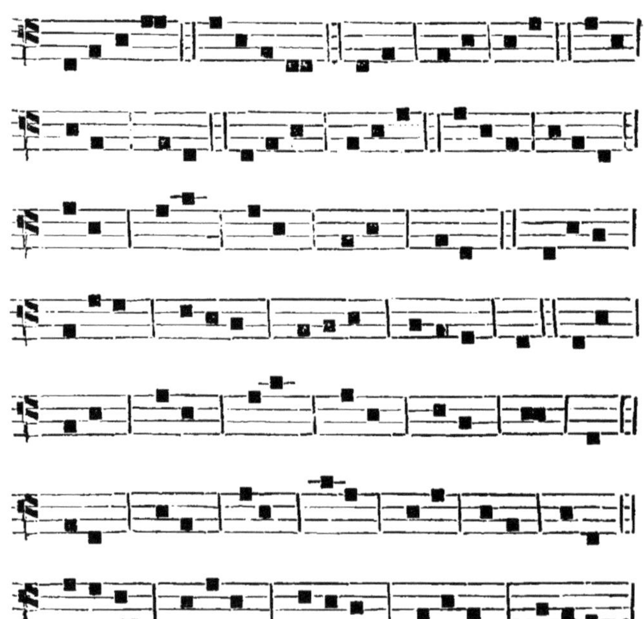

Troisième partie.

Sur la gamme de ré mineur.

Passages traduits des précédens de la gamme de *la*.

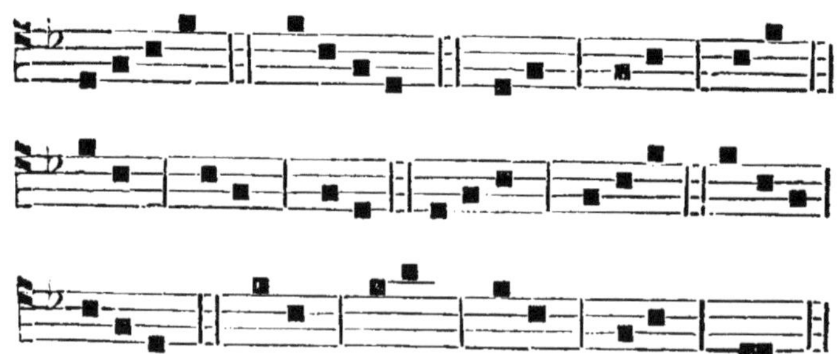

NOTA. Les gammes majeures et mineures dont nous avons parlé dans ce chapitre, n'ont pas toujours les clefs que nous leur avons données ici. Voici les manières les plus ordinaires dont elles sont écrites :

Gammes en ut *majeur* (moins fréquentes) :

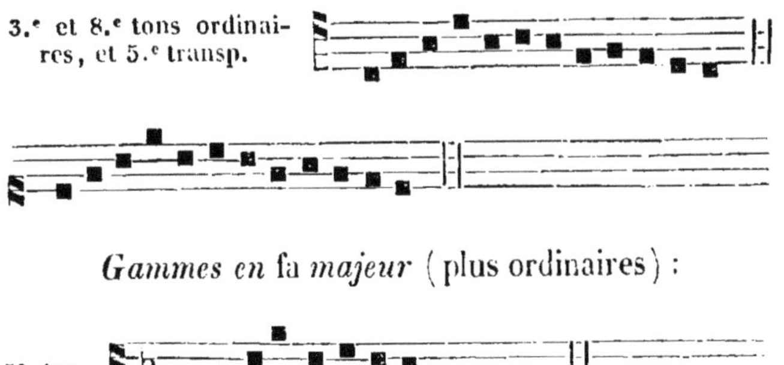

Gammes en fa *majeur* (plus ordinaires) :

Exercices sur les Gammes.

6ᵉ ton.

Gammes en la *mineur* (peu usitées) :

2ᵉ ton.

2ᵉ ton.

Gammes en ré *mineur* (très-fréquentes) :

1ᵉʳ ton,
et 4ᵉ.

2ᵉ ton.

La gamme de sol *majeur a toujours cette clef :*

Quelques pièces
du 7ᵉ ton.

CHAPITRE IV.

De quelques autres signes usités dans le plain-chant.

Souvent dans une pièce de chant (de 5 ou 6 lignes),
il y a deux ou trois gammes différentes : on ne saurait
alors les distinguer qu'en cherchant d'abord quelles
sont les notes sur lesquelles s'établissent plus naturellement des repos ; car ces notes doivent être celles qu'on
appelle fondamentales ou essentielles. Nous en parlerons plus particulièrement au chapitre suivant.

Ce changement de gammes, qui fait passer d'un
mode même à un autre mode , a exigé quelquefois
l'emploi d'un signe qui replaçât dans leurs intervalles
naturels les notes dérangées par l'intervention du
bémol ou du dièse dont nous avons parlé. Ce signe est
le *bécarre* , (♮) : il replace la note qu'il précède à l'intervalle qu'elle aurait avec celles qui l'accompagnent
dans les gammes d'*ut* ou *la*. (Voyez le chapitre précédent.)

Ainsi que nous l'avons déjà dit , quand l'un des deux
premiers se trouve à toutes les lignes après la clef, il
annonce que son effet doit s'étendre à toutes les notes
placées sur la même ligne ou dans le même intervalle
que lui , à moins que le *bécarre* n'établisse quelques
exceptions.

On trouve dans presque tous les livres de liturgie ce
signe *S* ou appelé *guidon*. Il me semble assez peu

utile, si ce n'est quand on change de pièce ou de gamme, ou de clef; et qu'on veut indiquer la distance qu'il y a de la dernière note du morceau que l'on achève, à la première de celui que l'on va commencer. Ce signe se place sur toutes les lignes et dans tous les espaces : il indique le *son* que l'on doit donner à la première note qui le suit.

Jusqu'ici nous n'avons parlé que de cette figure (■), appelée note *carrée*, pour signe du son : c'est sur sa valeur que l'on détermine celle de toutes les autres figures. Car le son ne varie pas seulement dans son élévation, mais aussi dans sa durée; c'est ce qui fait que nous avons vu aussi dans les exercices sur les gammes les figures suivantes :

La brève (♦), qui indique un *son* dont la durée est moitié seulement de celle du premier signe; la carrée à queue (⌐) ou (⌐), qui marque un son égal en durée à celle des deux premiers signes réunis, ou une carrée et demie; la double carrée (■■), dont le nom indique à la fois la forme et la valeur. On trouve aussi cette figure (◣), pour marquer une demi--losange ou brève (♦); mais nous pensons que dans le plain--chant proprement dit, on l'a placée à tort : elle doit être remplacée partout par une **brève** (♦) : on en verra l'usage dans le plain--chant figuré ou musical.

Quelques auteurs présentent le point qui suit la note (■■∙), ou(■∙), comme devant ajouter à cette note la moitié de sa valeur, comme dans la musique. Nous pensons que, quoiqu'il ait cet usage dans le plain-chant figuré, il est plus sûr de le regarder dans le plain-chant ordinaire comme un signe de repos pendant lequel on respire, ou autant de temps qu'on en donnerait à une carrée, ou autant qu'il en faut pour achever la mesure, si le chant est mesuré. On peut s'assurer de ce que j'avance en prenant un livre quelconque de plain-chant : car si l'impression en a été un peu soignée, on y trouvera que le point n'est placé qu'à la fin d'une phrase, de mots qui forment un sens, ou d'un passage de chant après lequel il est nécessaire ou convenable de faire sentir un repos. D'ailleurs à quoi servirait autrement la note à queue? Ce serait un double emploi. (Voyez le Processionnal parisien, 1761.)

La note à queue (♮) n'a pas toujours la valeur d'une carrée et demie en durée. Toutes les fois que l'on passe d'une carrée à une autre carrée qui est éloignée de la première d'une quarte ou plus, on les lie ensemble, si elles sont sur la même syllabe, par le moyen de cette queue, qui n'ajoute rien à leur valeur. (Voyez *ibid* et chap. 1. § iii.)

On trouve aussi dans le chant, des petites barres), des grandes barres ( ), et des doubles barres ( ). Ces dernières indiquent des parties du chant, qui s'exécutent par différentes voix ; les deux premières servent, ou à séparer le chant de chaque mot, ou les différentes mesures, quand le chant est mesuré : ni les unes ni les autres n'influent sur le *son* ou sa durée.

Enfin il y a des lettres majuscules ou minuscules en tête des pièces de chant. Nous pensons devoir en parler un peu plus au long que des autres signes, dans le chapitre suivant, n'ayant point trouvé de Méthode qui en ait traité suffisamment jusqu'alors.

CHAPITRE V.

Comment on connaît la gamme d'une pièce de chant ; des Modes ou Tons du Plain-Chant ; des Lettres.

§ I.

Dans la musique il est facile de reconnaître la gamme que parcourt une pièce, puisque la dernière note est toujours la tonique sur laquelle la gamme est écrite. S'il y a plusieurs parties de chant, l'une finit par cette même tonique ; les autres, par la tierce, la quinte ou l'octave sans exception. En comparant alors ces notes entre elles, il est très-facile de déterminer la première, puisque dans toute gamme, majeure ou mineure, les intervalles sont disposés comme nous les avons donnés pages 20, 30 et 31 ; c'est-à-dire : tonique, et au-dessus : tierce majeure ou mineure, quinte et octave.

Mais dans le plain-chant les pièces ne sont pas toutes *complètes,* c'est-à-dire terminées par la tonique : comment alors découvrir cette dernière ?

1° S'il y a une tierce majeure au-dessus de la dernière note, la pièce est du mode majeur. Pourtant la finale n'est tonique que quand c'est un *ut,* un *fa* et quelquefois un *sol* ; car alors on trouve des repos et des chutes naturelles à la tierce et surtout à la quinte au-dessus : dans ce cas, cette dernière note est la véritable finale ou la tonique. Dans les autres cas, et presque sans exception, la dernière note de la pièce est la quinte au-dessus de la véritable finale ou tonique.

2º S'il y a une tierce mineure au-dessus de la dernière note, elle peut l'être de deux manières : par un ton d'abord, puis un demi-ton, et alors c'est une gamme mineure que parcourt la pièce, qui est complète et terminée par la tonique ; ou bien par un demi-ton, puis un ton, et, dans ce second cas (le plus difficile pour les commençans) il faut chercher sur quels intervalles au-dessus de la dernière note s'établissent des repos. S'ils sont à la tierce, c'est une gamme majeure dont la tonique est à la tierce sous la dernière note ; s'ils sont à la quarte, c'est une gamme mineure, et la finale ou tonique véritable est celle qui est immédiatement sous la dernière note. On verra l'application de ces principes à la 2ᵉ partie, Chap. II, ex. du 3ᵐᵉ ton *U T*, et les suivants.

§ II.

Des modes ou tons du plain-chant.

Les notes de la gamme étaient autrefois désignées par les sept premières lettres de l'alphabet, dans l'ordre suivant :

A,   B,   C,   D,   E,   F,   G.

la,   si,   ut.   ré,   mi,   fa,   sol.

Quoiqu'on pût établir sur chacune des notes plusieurs gammes, soit majeures, soit mineures, ainsi que nous l'avons vu page 17, on n'en avait formé que deux pour le plain-chant sur chacune ; encore ne différaient-elles entr'elles que par la manière dont on y avait fixé les repos.

Ainsi, au-dessus de la note A, par exemple, on avait la gamme mineure, telle que nous l'avons donnée, page 29.

Mais en partageant les huit notes de l'octave ou gamme, de sorte que les repos fussent à la tierce, et à la quinte au-dessus, on avait un 1er mode ou ton.

En la partageant au contraire de façon qu'il y eût au-dessus de la finale une quinte, et au-dessous une quarte, on a eu un 2e *mode* ou *ton*.

Agissant de même pour toutes les autres notes, et laissant toutes les notes de l'octave aux distances naturelles, on a eu quatorze modes ou tons, (1) ainsi ordonnés ;

en **D**, dominante à la quinte, 1er ton ;

　　id,　　　　　à la tierce, 2e ;

en **E**, (2)　　à la sixte, 3e ;

　　id,　　　　　à la quarte, 4e ;

en **F**,　　　　à la quinte, 5e ;

　　id,　　　　　à la tierce, 6e ;

en **G**,　　　　à la quinte, 7e ;

　　id,　　　　　à la quarte, 8e ;

en **A**, dominante à la quinte, 9e, ramené au 1er ;

　　id,　　　　　à la tierce, 10e, ramené au 2e ;

en **B**,　　　　à la sixte, 11e, ramené au 3e ;

　　id,　　　　　à la quarte, 12e,　　　　au 4e ;

en **C**,　　　　à la quinte, 13e,　　　　au 5e ;

　　id,　　　　　à la tierce, 14e,　　　　au 6e ;

(1 et 2) Un ouvrage élémentaire ne permet point d'entrer dans tous les détails. Il suffira de noter ici que toutes les fois qu'il y avait quinte ou tierce fausse, on élevait, pour obtenir les repos, à la sixte ou à la quarte.

Alors, le chiffre et la lettre indiquaient la note sur laquelle était établie l'octave et la division de cette octave. Delà aussi les classifications en tons pairs, tons impairs, plagaux, authentiques, arithmétiques, etc.....

Mais pour peu qu'on ait d'oreille et de goût, on se convaincra facilement que les modulations de ces tons ne forment pas autant de gammes différentes, et que nous avons eu raison de simplifier et de ramener ces modes aux principes élémentaires de tout chant, c'est-à-dire, aux deux gammes majeure et mineure.

§ III.

Des lettres.

Aussi, regardons nous les lettres comme désormais inutiles, si ce n'est pour annoncer les terminaisons des Ps. (Voyez Chap. VI, section IV). Elles sont, dans ce cas, des signes de renvoi à la table de Psalmodie ; et quoiqu'on eût pu choisir toute autre chose que des lettres, on a bien fait de marquer ces différentes terminaisons par celles d'entre ces figures qui correspondaient à la dernière note de chaque terminaison.

Et, comme on peut arriver à la dernière note de plusieurs manières différentes, on a varié la forme des lettres indicatives :

A indique que la dernière note de la terminaison du Ps. est un *la* ; et, comme capitale, elle apprend que celle de l'antienne est aussi *la.*

a indique que la terminaison est aussi en *la* ; mais cette lettre étant minuscule, apprend que celle de l'antienne est une autre note.

à produit le même effet que le précédent, et de plus annonce, par l'accent *supérieur*, qu'on arrive à la dernière note, *la*, par une note *supérieure*, *si;* tandis qu'aux autres où se trouve la même finale, on y arrive ou sans autre note sur la dernière syllabe, ou par une note *inférieure.*

C, C, c, ç, indiquent tous des finales de Ps. en *ut*, avec les différences rapportées plus haut. La cédille placée *sous* la lettre marque qu'on arrive à l'*ut* par la note *inférieure*, *si*. Il en est de même de toutes les autres lettres, si ce n'est que le caractère D *majuscule*, ayant été employé au 1er ton dans toutes ses formes ordinaires, on s'est servi pour annoncer une terminaison en *ré*, qui restait sans signe, de la lettre J : il eut été plus régulier d'employer le ⊙ de l'écriture ordinaire, et c'est ce que nous ferons dans cet ouvrage.

Nous emploierons aussi pour les pièces du plainchant, une indication bien plus utile aux élèves que celles des lettres : ce sera le nom même de la gamme par celui de la tonique. Les *capitales* ou *majeures* indiqueront une gamme *majeure*, les *minuscules* ou *mineures*, une gamme *mineure.*

Ainsi, $(5, UT)$, ou $(3, UT)$, ou $(8, UT)$ annonceront des pièces du 5e, du 3e ou du 8e ton parcourant également la gamme d'*ut majeur*, soit complète, soit incomplète ; et ces signes, $(1, ré)$, ou $(4, ré)$, etc., indiqueront des pièces du 1er ou du 4me ton, écrites sur la gamme de *ré mineur* complète ou incomplète.

Dans la 1ère édition de cet ouvrage nous indiquions au ch. VI plusieurs corrections à faire dans les livres de plain-chant. Presque partout on y a travaillé depuis.

Nous n'osons pas dire que nous avons contribué à ces changemens nécessaires ; néanmoins c'est pour nous un encouragement à éveiller l'attention sur les irrégularités qui existent encore, et on verra dans d'autres endroits que nous ne craignons nullement d'en proposer la correction quand elles n'ont pour fondement que la routine et l'ignorance. Nous nous consolerons facilement du titre d'innovateur si, après deux ou trois années, on sent généralement le besoin de se ranger à notre avis.

◇◇◇◇◇◇◇◇◇◇◇◇◇◇◇◇◇◇◇◇◇◇◇◇◇◇◇◇◇◇◇◇◇◇◇◇◇◇

SECONDE PARTIE.

Application des Principes qui précédent au chant parisien en particulier. (1).

(Nous avons dit que toutes les pièces de chant quel-
conques'écrivent sur l'une des deux gammes (majeure
ou mineure); nous avons dit aussi que l'on doit
partir de la finale pour découvrir cette gamme; enfin
que quelques-uns des huit tons du plain-chant ne finissent point par la tonique ou première note de leur
gamme. Examinons ces principes dans leur application;
et appelons *complets* ceux des huit tons qui finissent
par la tonique de la gamme sur laquelle on les écrit,
incomplets ceux qui finissent par une autre note;
disons un mot de ceux que l'on a appelés transposés, en
les rapportant aux deux premières espèces : tel sera
l'objet de cette deuxième partie.)

CHAPITRE PREMIER.

§ I.

Des tons complets majeurs.

Le ton est complet majeur quand il a pour finale, ou
dernière note, la tonique d'une gamme majeure. Or, cette

---

(1) Quoique nous ayons préféré prendre nos exemples dans

définition ne saurait convenir qu'aux pièces du cinquième et du sixième ton, et à quelques-unes du septième : car telles sont leurs gammes et leurs finales.

Cinquième ton.

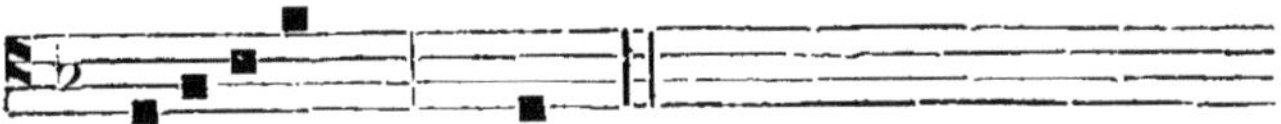

Notes fondam. Finale.

Sixième ton.

Notes fondam. Finale.

Quelques pièces du septième ton.

Notes fondam. Finale.

Pour peu qu'on ait l'oreille exercée, on se convaincra facilement que telles sont les notes fondamentales de ces tons, c'est-à-dire celles où s'établissent plus naturellement des repos (1). Voici, pour le cinquième ton en F, un exemple tiré du processionnal.

---

les livres du rit parisien, nous ne manquerons pas d'en tirer des livres bisontins, romains, etc, etc, surtout quand les morceaux y seront notés plus correctement.

(1) On doit sentir la raison qui nous porte à ne donner des notes *fondamentales* que cette définition. Elle suffit pour le but que l'on se propose ici. Désormais nous ne mettrons pour l'indication des gammes que ces notes qui les représentent.

Et d'abord on a dans cette pièce : *fa*, pour finale
ou dernière note ; *fa, la, ut, fa*, pour notes fondamentales, puisque ce sont celles où s'établissent plus
naturellement des repos. La gamme est donc tout entière au-dessus de la finale *fa ;* les *si* y sont bémolisés,

et l'on y trouve tous les intervalles de la gamme majeure, telle que nous l'avons donnée au chapitre II ; les notes données ici en sont la tonique, la tierce, la quinte et l'octave. Nous en concluons que cette pièce du cinquième ton, est une pièce *complète majeure.* Toutes celles désignées par le même chiffre donnent le même résultat.

On peut remarquer, au verset *In me*, un changement de gamme (c'est ici celle d'*ut* majeur ; le compositeur y passe par le moyen de la note fondamentale *ut*, commune à ces deux gammes). Nous avons déjà parlé de ces transitions (1) : elles sont assez fréquentes ; mais on doit voir que pour terminer ce même verset, la gamme en *fa* s'annonce en quelque sorte au mot *suam*. La dernière note n'est pourtant point à la fin de ce mot, mais bien au mot *secula :* on peut enfin s'assurer que si le bémol n'est pas continuel dans ces pièces, c'est seulement à cause de ces transitions, qui eussent exigé l'introduction du ♮, pour le passage *In me*, comme j'ai cru devoir l'écrire ici.

Citons pareillement une pièce du sixième ton, tirée aussi du processionnal, pag. 215, édit. 1761, et marquée F.

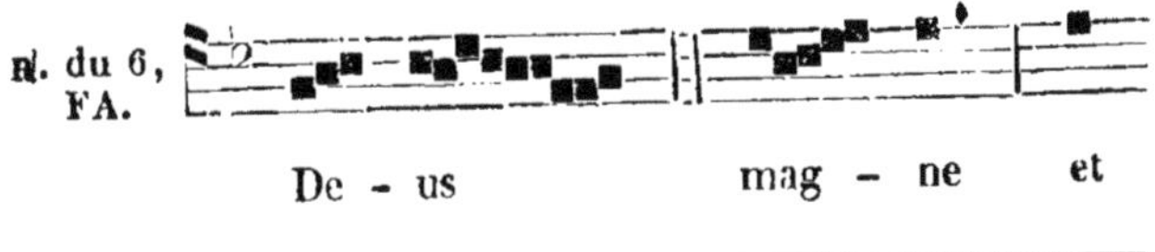

---

(1) Les personnes de l'art savent que, pour passer d'une gamme à une autre, on le fait par quartes et par quintes, suivant les signes qui sont à la clef.

ter-ri - bi-lis , pec-ca - - vi-mus : non
o-be-di-vi-mus ser-vis tu-is Pro-phe-tis,
qui lo-cu-ti sunt in no-mi-ne
tu - o. Do - mi-ne , no-bis con-fu-si-
o fa-ci-e-i ; ti-bi au-tem mi-se-ri-
cor-di-a et pro-pi-ti-a - ti-o.
A-ver-ta - tur , ob - se-cro , i-ra tu-
a à ci-vi-ta-te tu-á Je-ru-
sa-lem , et à mon-te sanc-to
tu - - o. ℣. Neque e-nim in

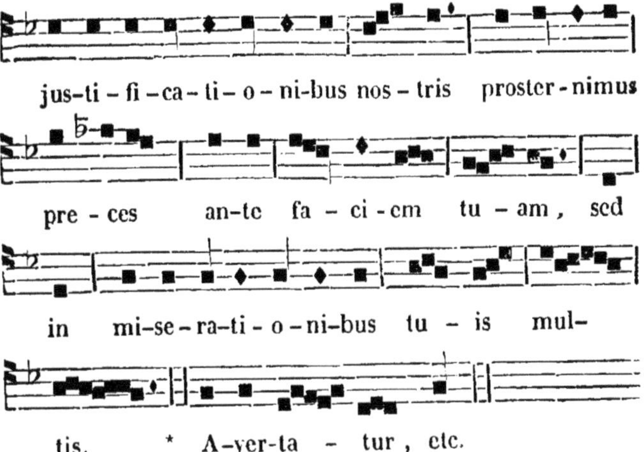

Dans cette pièce, nous avons, comme dans la première, pour finale, *fa ;* et pour notes fondamentales, *fa, la, ut,* et l'*ut* d'en bas. Au-dessus de la finale, les intervalles de tierce et de quinte sont marqués, les *si* bémolisés comme l'exige la gamme en *fa* majeur. C'est donc encore une pièce *complète majeure,* dont la gamme en *fa* se trouve, pour l'étendue, placée de manière à ce qu'on puisse, sans petites lignes, monter à la quinte au-dessus de la finale, et descendre à la quinte d'une deuxième gamme sous la tonique. Au reste tous les intervalles au-dessus et au-dessous de cette tonique, sont les mêmes et dans le même ordre pour ce ton que pour le cinquième (voyez chapitre II.). Ainsi, de deux pièces de chant parcourant la gamme majeure en *fa,* dont l'une descendra à l'*ut,* et dont l'autre n'y descendra point, la première sera du sixième ton, et la deuxième du cinquième.

Enfin examinons pareillement une pièce du septième ton. On trouve au Vespéral, pour le jour de la
Toussaint, l'antienne de None, ainsi notée, page 477.

om - ni-bus..., *on sera contraint en quelque sorte,
par le mode du chant, de les diéser.*

Il est aussi facile de s'assurer que dans ces pièces les notes fondamentales sont : *sol, si, ré, sol;* finale, *sol;* qu'il l'était de trouver pour les cinquième et sixième tons, *fa, la, ut,* etc. En appliquant les principes exposés, nous devons conclure que la pièce, finissant par la tonique, et cette tonique ayant au-dessus d'elle une tierce majeure, appartient à un ton *complet majeur.* La seule différence que nous y trouvions avec le cinquième et le sixième, c'est que la gamme est en *sol* au lieu d'être en *fa* (1).

___

(1) Nous avons cru devoir ne pas multiplier ici les exemples

Mais, me dira-t-on, pourquoi ne placez-vous pas au même rang toutes les pièces du septième ton? Nous essaierons de répondre à cette difficulté lorsque nous parlerons des autres pièces du septième ton. Continuons l'examen des pièces complètes.

§ II.

Tons complets mineurs.

Nous rappelons 1° qu'une pièce complète est celle qui a pour finale la tonique de la gamme sur laquelle elle s'écrit; nous rappelons aussi qu'une gamme mineure est celle dont la tierce au-dessus de la tonique est mineure; et enfin, qu'une gamme quelconque a ses intervalles essentiels disposés dans cet ordre : *tierce, quinte* et *octave.* Ces principes appliqués aux huit tons du plain-chant, nous verrons que le premier et le deuxième sont les seuls auxquels ils conviennent. En effet, tels sont leurs gammes, leurs intervalles, et leurs finales :

Premier ton.

Notes fondamentales. Finale.

Deuxième ton.

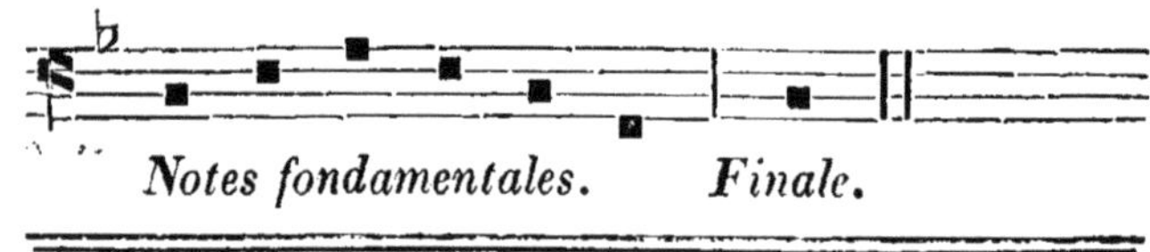

Notes fondamentales.   Finale.

---

puisque d'ailleurs nous en donnerons encore d'autres au chapitre suivant.

Exemple du premier ton (1).

(1) Nous avons cru devoir corriger quelques fautes typogra-
phiques qui étaient sans doute échappées au prote. Nous avons
aussi placé un ♯ sur la syllabe *di* du mot *audivimus*, par les principes exposés au chapitre II.

On voit dans cette pièce, 1° que les intervalles sont
ceux qu'exige une gamme complète, c'est-à-dire la
tierce, la quinte et l'octave au-dessus de la finale ;
2° que la finale est conséquemment la tonique de la
gamme ; 3° enfin, que la tierce au-dessus de cette
tonique étant d'un ton et demi, c'est celle d'une gamme
mineure en *ré :* trois raisons qui nous ont fait appeler
cette pièce un *ton complet mineur.* Tout ce qui pourrait embarrasser, ce serait de ne point trouver *à la clef*
le bémol pour les *si.* Ceci vient tant à cause du changement de gammes auquel ces pièces sont sujettes, qu'à
cause des principes exposés au chapitre II. Nous croyons
pourtant qu'il serait plus régulier de l'y placer toujours,
comme dans la musique.

Exemple du deuxième ton.

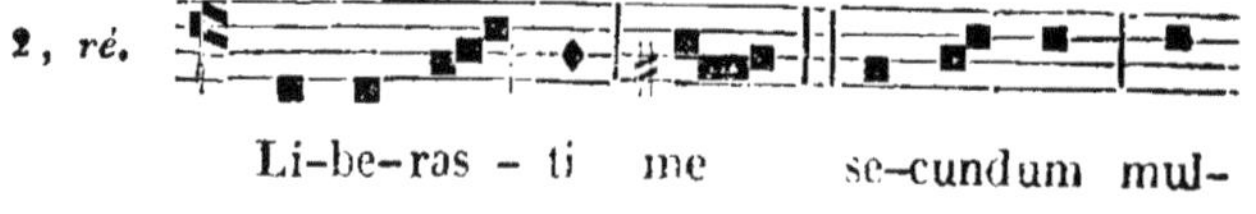

---

(1) Je n'ai point donné de queue à la noire qui précède les
deux brèves, afin de ne pas interrompre la mesure, qui, dans ces
pièces, est d'une carrée ou sa valeur.

Ces pièces ont aussi pour finale *ré ;* au-dessus de cette note, *tierce* et *quinte.* On voit de suite que c'est la même gamme que celle des pièces du premier ton. Toute leur différence est encore en ce que le deuxième (comme le sixième) ne monte pas jusqu'à l'octave au-dessus, mais descend à la quinte d'une autre octave qui serait dessous ; tandis que le premier (comme le cinquième) monte à cette octave sans petite ligne, et ne descend point à la quarte sous la tonique, ou à la quinte d'une deuxième octave. Ou autrement : dans les tons complets *pairs*, l'étendue de la pièce se trouve tant au-dessus qu'au-dessous de la tonique, tandis que dans les tons complets *impairs* l'étendue est tout entière au-dessus.

CHAPITRE II.

Des tons incomplets, majeurs.

Nous avons déjà examiné cinq tons du plain-chant : deux (le cinquième et le sixième) avec quelques pièces du septième , ont été placés dans les tons complets majeurs ; et deux (le premier et le deuxième) dans les tons complets mineurs. Il en reste donc trois encore à soumettre à cet examen , avec les pièces du septième qui sont *incomplètes :* le troisième, le quatrième et le huitième. Nous allons suivre le même ordre que dans l'examen des tons complets , c'est-à-dire que nous parlerons d'abord de ceux qui s'écrivent sur une gamme majeure , et que nous les appellerons *tons incomplets majeurs ;* ensuite de ceux qui sont notés sur la gamme mineure , en les appelant *tons incomplets mineurs.*

§ I.

Le septième ton a ordinairement ses intervalles et les repos essentiels disposés ainsi :

Notes fondamentales.   *Finale.*

Le huitième les a de la manière suivante :

Notes fondamentales.   *Finale.*

Et enfin, le troisième comme le huitième à l'exception de la finale :

Notes fondamentales.   Finale.

Exemple du septième ton.

(Page 219 du Processionnal, 1761).

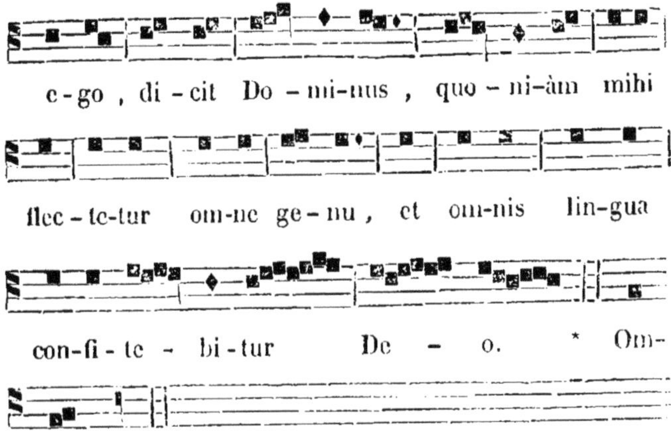

nes , etc.

Pour se convaincre que les intervalles de cette pièce, et de toutes celles qui sont écrites sur la même gamme, sont véritablement *sol, ut, mi, sol,* c'est-à-dire, ceux de la gamme en *ut,* on n'a qu'à essayer de passer subitement du chant des exercices que nous avons donnés sur cette gamme, chap. II, au chant de la pièce elle-même. Si au contraire on essaie de passer du chant des mêmes exercices, sur la gamme en *sol,* à celui de la pièce, l'oreille se trouvera brusquée de cette transition, et l'on sentira sur-le-champ qu'il n'y a point de parité entre les deux gammes (1). Peut-être reviendra-t-on encore sur la raison que j'ai déjà détruite dans la 1ᵉ édition de cet ouvrage, sur la multiplicité de la note *ré.* dans ces pièces, qui l'a fait appeler *dominante* de ce ton. Je répondrai, comme alors, que c'est en cela

---

(1) Nous l'entendons ici des notes qui marquent les intervalles. Nous savons que deux gammes majeures se ressemblent.

même que le septième ton a toujours paru aux commençants beaucoup plus difficile à exécuter que tous les autres où l'on ne trouve pas aussi fréquemment ces passages de la quinte (ou dominante véritable) à la seconde. Je répondrai en outre que cette raison apportée seulement et qui ne paraît plausible que pour les psaumes, ne saurait faire établir une troisième gamme tandis qu'il n'y en a jamais eu que deux de reconnues ; enfin que les psaumes sont *tous* ou presque tous des pièces incomplètes et qu'on ne saurait y déterminer une dominante (si on l'entend dans le vrai sens de ce mot), et que par exemple, les *Kyrie*, *Sanctus* et *Agnus* des simples, n'ont jamais été regardés comme renfermant d'une manière ostensible la dominante de leur ton. Il est bien vrai que dans les autres tons (quoique ce ne soit pas sans exception), le chant du psaume s'exécute sur la dominante ou la tierce ; mais cette particularité du septième ne change rien aux principes.

On ne peut même dire que ce *ré* (dominante, si l'on veut, des psaumes) soit la quinte de la gamme de quelques-unes des pièces du septième ton ; car je pense, moi, que, puisqu'elles sont en si petit nombre, il eût mieux valu les inscrire aux cinquième ou sixième tons, avec lesquels elles sont en parfaite analogie, suivant qu'elles descendent ou non au-dessous de la finale. (Voyez ce que nous avons dit au chapitre précédent.)

Exemple du huitième ton.

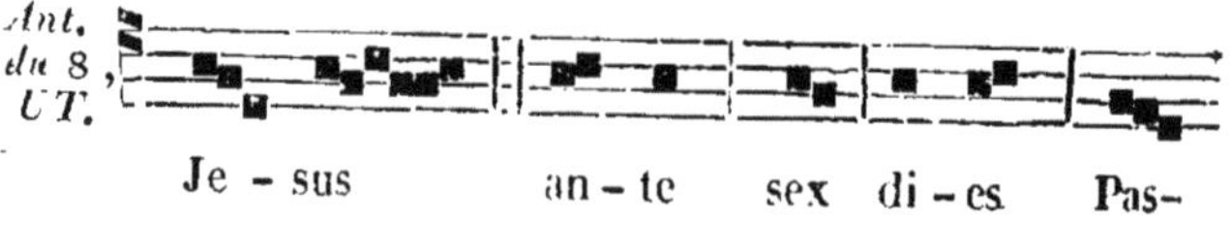

chæ ve - nit Be-tha-ni-am, u-bi La - zarus
fu - e-rat mor-tu - us, quem sus-ci - ta - vit
Je - sus : fe-ce-runt autem e - i cœ-nam
i - bi, et La - za-rus unus e-rat ex dis-cum-
ben - ti-bus cum e - o. In cras - ti-num
au-tem tur - ba mul - ta quæ ve - ne-rat
ad di-em fes-tum, cùm au - dis - sent qui-a
ve-nit Je - sus Je-ro-so - ly-mam, ac-ce-
pe-runt ra-mos pal-ma - rum, et pro-ces-
se-runt ob-vi-am e-i, et cla-ma - bant :

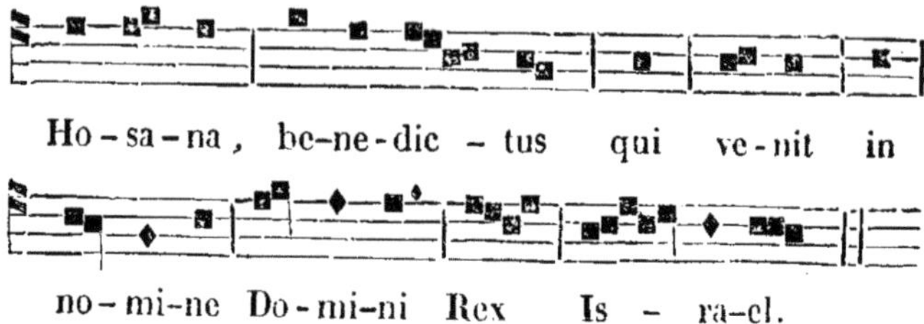

Nous voyons qu'ici, comme dans la pièce précédente, les intervalles de la gamme principale sont ceux
que nous avons donnés en tête de ce chapitre, c'est-à-
dire *ut*, *mi*, *sol*, *ut*, qui représentent la gamme d'*ut*
majeur, ou qui en sont les notes fondamentales. **Nous**
allons voir encore, dans le troisième ton, les mêmes
modulations se présenter constamment :

Exemple du troisième ton.

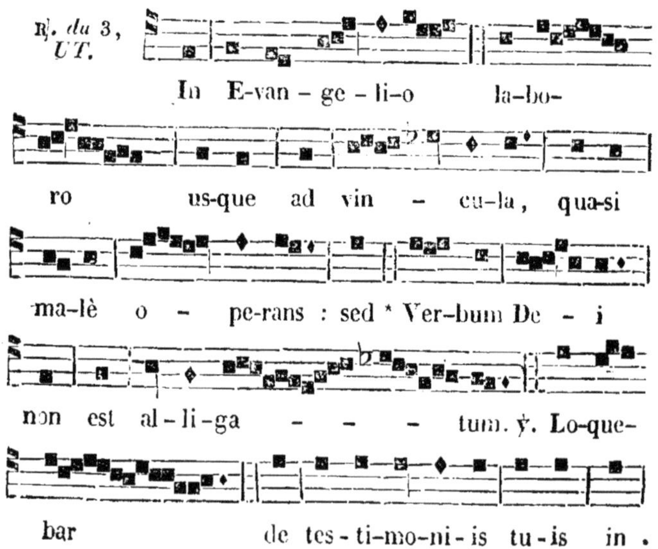

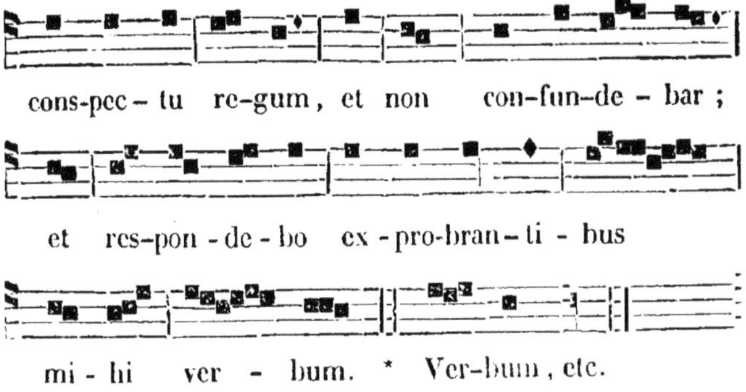

Raisonnons, et appliquons maintenant les principes exposés dans la première partie à ces trois tons. Ils ont les mêmes notes essentielles, nous l'avons dit : les deux premiers ont *sol* pour finale, et celui-ci, *mi*.

Pour former une gamme complète, il faut nécessairement que nous reconnaissions ici de fausses finales, ou des repos suspensifs seulement, à la quinte pour le septième et le huitième tons, et à la tierce pour le troisième : car nous ne saurions former, avec les intervalles trouvés, ni des gammes en *sol*, ni une gamme en *mi*, puisqu'ils doivent toujours être ainsi disposés au-dessus de la tonique : *tierce*, *quinte* et *octave*.

Le septième et le huitième tons ne diffèrent donc, selon nous, qu'en ce que le septième ne descend point jusqu'à sa véritable tonique *ut*, tandis que le huitième y descend fréquemment. C'est une différence que nous avons déjà remarquée pour les tons *pairs* et *impairs*. L'étendue du septième ton est (comme celle du cinquième et du premier) tout entière au-dessus de sa finale *sol* ; tandis que celle du huitième (comme celle du sixième et du deuxième) est tant au-dessus qu'au-dessous. De plus la note *ré* revient très-fréquemment dans le septième ; et dans le huitième , c'est la note *ut* qui reparaît plus souvent.

Pour le troisième ton, il est *incomplet majeur*, ayant sa finale à la tierce de la véritable tonique *ut*.

§ II.

Des tons incomplets mineurs.

Il n'y a de ce genre que des pièces marquées du chiffre 4. On peut s'assurer, en chantant ces pièces, que leurs notes fondamentales sont celles-ci :

Notes fondamentales.   *Finale.*

EN VOICI DES EXEMPLES :

Offertoire du jour de la Pentecôte.

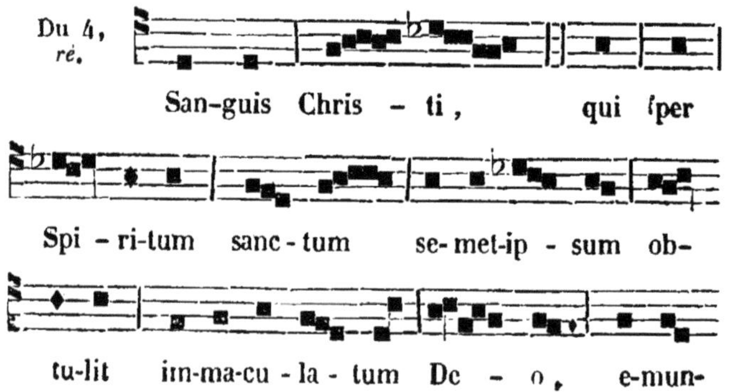

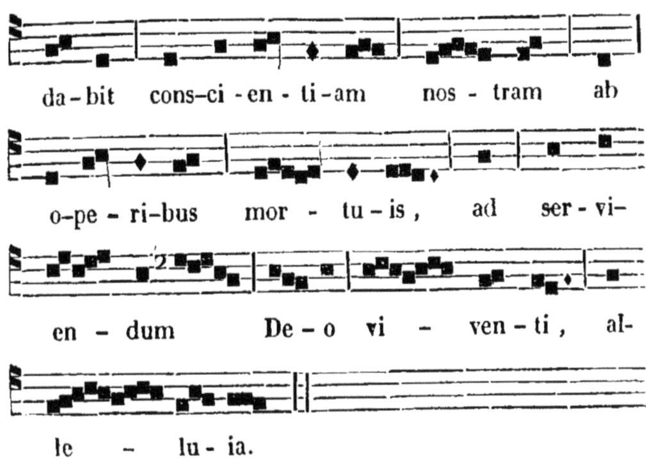

Introït du jour de l'Assomption.

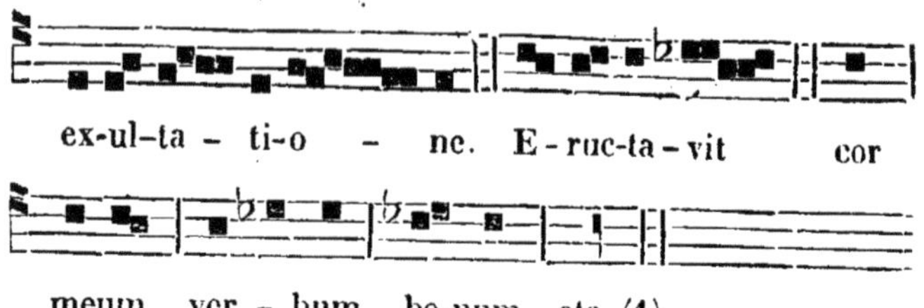

Toute la différence de ce ton avec le premier consiste donc en ce que le quatrième a sa finale à la seconde de la gamme qu'il parcourt, au lieu de l'avoir, comme le premier, sur la tonique elle-même.

---

(1) Nous avons cru devoir placer un bémol sur la syllabe *vit*. C'est à ceux qui ont de l'oreille à juger de cette correction en la comparant avec la cacophonie du *si* naturel suivi de suite, et dans la même disposition, de deux *si* bémols. (*Voyez les Graduels romains, etc, pour ces pièces*).

CHAPITRE III.

Des tons appelés transposés.

Nous avons vu, dans la première partie, que, quoiqu'il n'y eût, à proprement parler, que deux gammes, la gamme majeure et la gamme mineure, on pouvait néanmoins en former un très-grand nombre qui donnassent les mêmes résultats que celles en *ut* et en *la*, mais qui en différassent par la tonique, et conséquemment par les notes qui forment les intervalles essentiels à ces gammes. Nous savons en particulier que, dans le plain-chant, on a conservé, pour les tons majeurs, la gamme en *ut* et la gamme en *fa* ; pour les tons mineurs, celles de *la* et de *ré*.

Ainsi, au lieu de noter toujours les pièces du cinquième ton sur la gamme de *fa* majeur, on les a notées quelquefois sur la gamme d'*ut*, qui présente le même résultat, et l'on a eu :

au lieu de

et quelquefois

EN VOICI DES EXEMPLES :

Au lieu de conserver toujours la gamme de *fa majeur* pour les sixièmes tons , on les a quelquefois écrits sur celle d'*ut majeur* ; et l'on a eu :

Notes fondamentales. Finale.

au lieu de :

Notes fondamentales.   *Finale.*

Exemple :

(Semaine-Sainte, page 292.)

Le premier et le deuxième tons ont été aussi écrits quelquefois sur la gamme de *la mineur*, au lieu de celle en *ré mineur*, sur laquelle on les note ordinairement, et ont donné les résultats suivants :

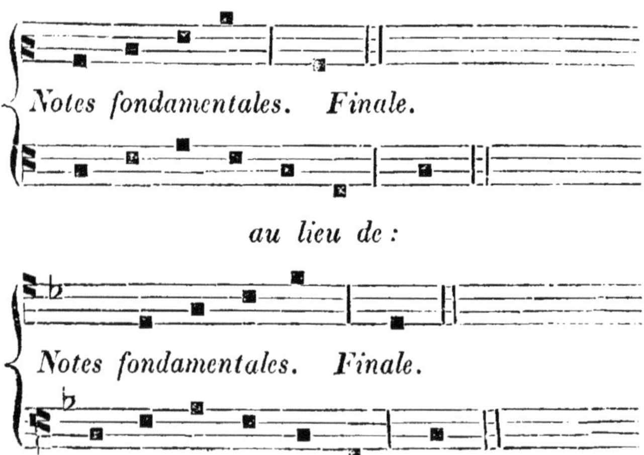

au lieu de :

Et quelquefois pour le deuxième ton ,

au lieu de

Exemples :

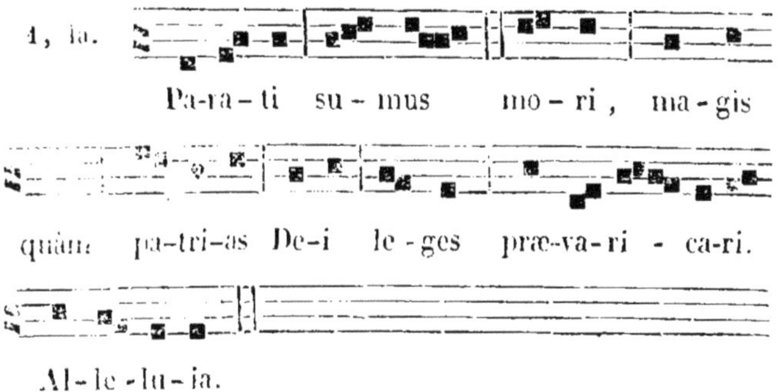

Graduel du 8 novembre.

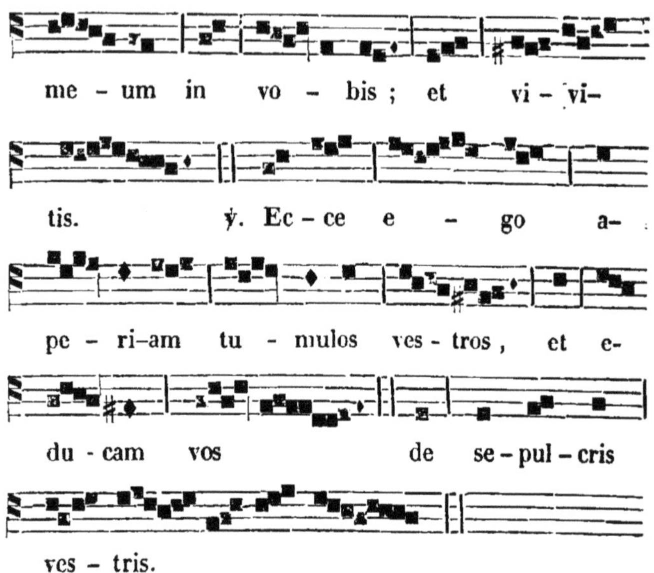

Offertoire du Ve Dim. après l'Epiph.

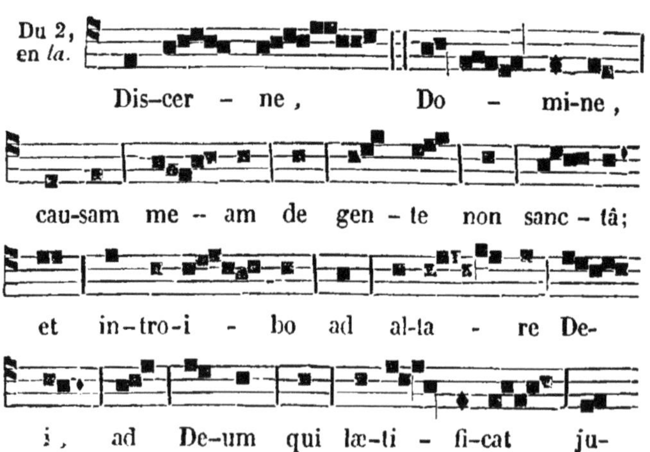

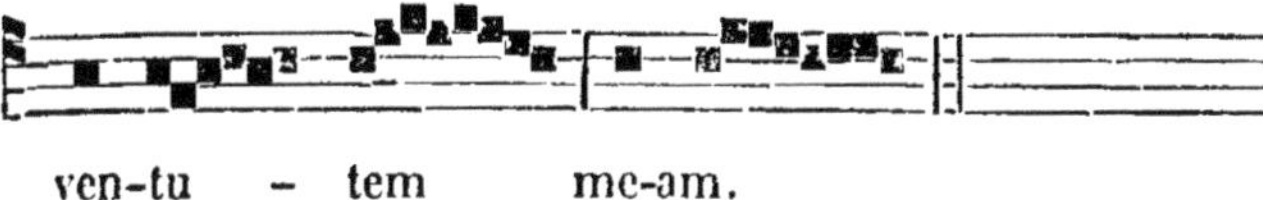

Les tons incomplets se transposent rarement : cependant on en trouve quelques pièces, surtout du
huitième et du quatrième. (Nous n'en avons point
trouvé du septième, celles qui y sont inscrites étant ou
des pièces complètes, ou même des pièces incomplètes
appartenant à d'autres tons). Ce sont celles sur lesquelles il y a le plus d'erreurs, dans les livres liturgiques,
pour l'indication du chiffre, soit à cause que la gamme
y est quelquefois peu marquée, soit à cause de la res—
semblance de certains tons. En voici des exemples :

Au Xe Dimanche après la Pentecôte, on trouve :

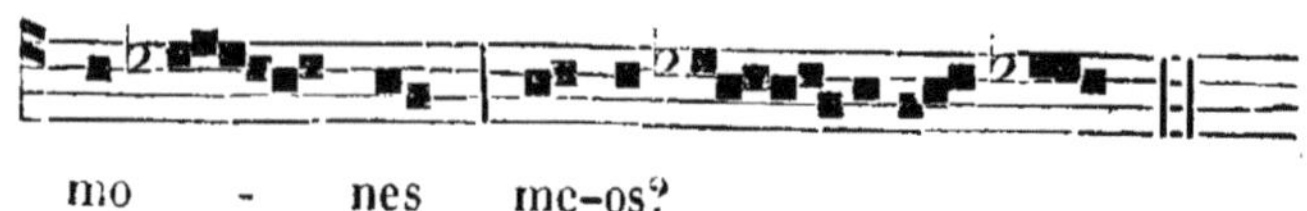

Cette pièce est inscrite au quatrième ton. Nous y trouvons, nous, une gamme en *fa majeur;* et, puisque la pièce finit par un repos sur la tierce, nous la rangeons au nombre des pièces du troisième ton, selon ce que nous avons dit au § 1 du chap. II de cette deuxième partie. Au reste, pour être du quatrième, il faudrait, selon nous, qu'elle fût écrite sur la gamme en *sol mineur* (deux bémols à la clef), avec laquelle elle a en effet beaucoup d'analogie. Selon la Méthode de Besançon, il faudrait qu'elle fût en *ré mineur.* C'est une de ces pièces douteuses qu'on rapporte à l'un des tons avec lesquels elles ont le plus de similitude.

En voici une qui est moins douteuse :

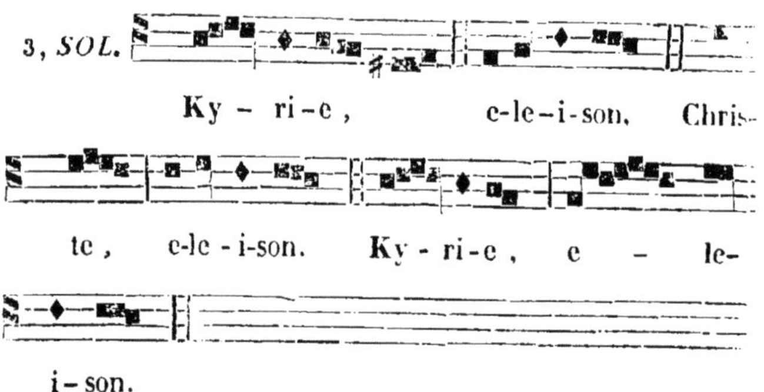

Avec la seule correction du dièse ajouté ici pour le *fa*, on sent de suite qu'on chante en *sol majeur*, finale à la tierce, et conséquemment dans le troisième ton, quoique cette pièce soit inscrite au septième (Voyez page 74.)

Pour le huitième ton, voyez l'antienne *Effundam* pour le temps pascal, les Traits après les leçons du Samedi-Saint, etc., etc.

Le quatrième ton est fréquemment noté sur la gamme de *la mineur* au lieu de *ré mineur*, sa gamme ordinaire. Dans cette gamme, tout est naturel, excepté les particularités que nous avons remarquées au chapitre **II**, première partie de cet ouvrage. On y a conséquemment *si* pour finale au lieu de *mi*, de cette manière :

au lieu de :

Exemple.

Si la gamme ordinaire du quatrième ton était en *la mineur*, il faudrait que celle de cette pièce transposée fût en *mi mineur*, pour être conséquent aux prin—

cipes($fa\sharp$ ou six bémols). Qu'on essaie d'exécuter ainsi le chant de ce morceau, et l'on sentira de plus en plus la vérité de ce que nous avons établi à l'égard de ce ton, c'est-à-dire qu'il a sa finale à la seconde.

CHAPITRE IV.

Des dominantes, finales, etc.

Dans les méthodes qui ont paru jusqu'à présent (excepté dans celle de Besançon) , on a donné , comme le moyen le plus sûr de connaître les tons du plain-chant, la *finale* et la *dominante* (1). Nous admettrions volontiers ce principe s'il n'y avait point de tons transposés, et si la dominante était *toujours* tellement marquée dans une pièce , que chacun pût la découvrir aisément ; mais je n'ai pas besoin de dire que ce dernier point embarrasse et doit embarrasser beaucoup , surtout dans les pièces où elle est en moindre nombre que toute autre note.

Voici, avec ce que nous avons dit , le secours qu'on pourrait tirer de la connaissance de la finale et de la dominante :

1° Tous les tons complets pairs ont la dominante à la tierce. } Deuxième et sixième.

Tous les tons complets im-pairs ont la dominante à la quinte. } Premier et cinquième.

2° Le troisième a sa dominante à la sixte de la finale et à la huitième ou octave de sa tonique.

(1 La *finale* dans le plain-chant est la dernière note de la pièce (tonique ou non) , et la *dominante* est celle qui revient plus fréquemment dans *les pièces ordinair.* .

Le quatrième a sa dominante à la quarte de la finale et à la quinte de la tonique.

Le septième a sa dominante à la quinte de la finale et à la seconde ou quelquefois à la quinte de sa tonique (1).

Le huitième a sa dominante à la quarte de la finale et à la huitième ou octave de la tonique ;

De la manière suivante :

(1) Cette différence vient de ce que nous avons expliqué au long, pages 59, 60, 70 et suivantes.

Mais si l'on a de l'oreille, et qu'on ait compris la formation des gammes, voici quatre règles sûres pour découvrir tous les tons.

1° Si la pièce est sur une gamme majeure complète, elle est du cinquième ton toutes les fois qu'elle ne des—cend pas à la quarte sous la tonique, et du sixième toutes les fois qu'elle y descend.

2° Si la pièce est sur une gamme mineure complète, elle est du premier ton si elle ne descend point à la quarte, et du deuxième si elle y descend.

3° Toute pièce qui finit par un demi—ton est du troisième ou du quatrième : du troisième, quand elle est écrite dans une gamme majeure ; du quatrième, quand la gamme est mineure.

4° Enfin, les pièces écrites sur une gamme majeure, ayant la finale à la quinte de la tonique, s'inscrivent au huitième ton quand elles descendent jusqu'à cette toni-que, et au septième, quand elles n'y descendent point.

Observation.

Il y a des pièces de chant très-courtes ou peu variées dans leurs modulations, que l'on n'a point inscrites aux *tons* du plain-chant. Tels sont les vs. , leçons, épîtres , etc, etc., dont nous donnerons le chant à la fin de cet ouvrage. Les règles en seront développées dans un petit traité spécial qui doit paraître incessamment.

CHAPITRE VI.

De la Psalmodie.

Dans la première édition de cet ouvrage nous avions craint de choquer des usages reçus dans quelques églises cathédrales. Aussi, en ne faisant qu'indiquer les règles de la psalmodie, nous avions encore, il faut l'avouer, payé un tribut à l'autorité de la routine. On a su apprécier nos motifs, car les observations, dont nous savons gré aux personnes éclairées qui ont bien voulu nous aider de leurs conseils, portaient sur la nullité ou l'insuffisance des méthodes précédentes beaucoup plus que sur notre propre travail. Aujourd'hui nous essaierons de lever toutes les difficultés, au moins pour l'ecclésiastique qui doit toujours, dans sa paroisse, être le directeur en chef du chant. Nous comptons encore sur l'indulgence pour nos efforts et notre bonne volonté, toujours disposé que nous sommes d'ailleurs à reconnaître et accepter la loi d'un ouvrage meilleur aussitôt qu'il aura paru.

Pour mettre plus d'ordre et de clarté dans cet objet nous partagerons ce chapitre en quatre sections. La première contiendra les *définitions* préliminaires ; la seconde, les *règles* de la psalmodie ; la troisième sera l'*application* des deux précédentes ; la quatrième enfin renfermera tout ce que nous regardons comme *exceptions* ou *supplément*.

SECTION PREMIÈRE.

Définitions et classifications.

On distingue dans le chant du verset d'un psaume
ou d'un cantique évangélique, quatre portions : l'Intonation, la Tenue, la Médiation et la Terminaison (1).

§ I.

L'Intonation du vs. est la modulation du chant qui
conduit à la tenue. Il y en a de deux espèces : l'intonation simple, qui s'emploie à tous les offices pour
les ps. ; et l'intonation solennelle, qui est spécialement
affectée aux cantiques év. L'une et l'autre ne s'exécutent (excepté le cas cité plus loin) qu'au premier vs. ;
pour les autres, on commence de suite par la dominante du ton (2), qui est la note de la tenue et la dernière de l'intonation.

1º L'intonation *simple* est toujours de trois notes,
mais elle n'est de trois syllabes qu'aux deuxième, cinquième et huitième tons. A tous les autres, on lie
deux notes sur la deuxième syllabe (excepté le premier ton en **A**, où la liaison se fait sur la première).

2º Les intonations *solennelles* n'existent qu'aux
deuxième et huitième tons pour le chant de Paris. Elles
sont de trois syllabes. Aux autres tons c'est l'intonation
simple qui sert pour les ps. et les cant. Quand on joue

---

(1) Il est bon d'avoir sous les yeux le tableau donné à la 3e
section de ce chapitre.

(2) Voyez p. 90, 91, etc.

de l'orgue l'intonation se répète à tous les vs. chantés; et il serait mieux de la répéter ainsi aux offices de première classe, dans les cant., comme on l'observe déjà en plusieurs diocèses.

§ II.

La Tenue (ou Teneur selon quelques-uns) n'est autre chose que la répétition de la même note sur plusieurs syllabes. C'est la partie chantée du vs. qui lie ensemble les intonations avec les médiations, celles-ci avec les terminaisons : elle se fait donc *recto tono*.

Elle s'exécute, comme nous l'avons dit, sur la dominante du ton qui est aussi la dernière de l'intonation, si ce n'est au premier en **A** et au 6ᵉ en **C**, où la tenue de la seconde partie du vs. se fait sur une autre note, ainsi que nous l'observerons au tableau.

§ III.

La Médiation est la modulation du chant qui termine la première partie du vs. marquée par un astérisque (*). Elle commence à la première note qui s'écarte de la tenue. Il y a des médiations simples et des médiations solennelles.

1° La médiation simple est de deux ou quatre notes et d'autant de syllabes : elle se fait à tous les vs.

2° La médiation solennelle ne se trouve dans le chant parisien qu'aux tons du nombre pair, 2, 4, 6, et 8 ; elle varie pour la quantité de notes et de syllabes, et ne s'exécute qu'aux cant. év. Pour les tons impairs on emploie toujours la médiation simple, qui, comme celle-ci, se fait à tous les vs.

§ IV.

La Terminaison est la modulation qui s'exécute sur les dernières syllabes du vs. ; elle commence à la première note qui s'éloigne de la tenue, et se fait aussi à tous les vs.

Les terminaisons sont en grand nombre ; on les indique par des lettres majuscules quand leur dernière note est la même que celle de l'antienne, et alors on les appelle complètes ; ou par des minuscules dans les autres cas, et alors elles sont dites incomplètes.

SECTION SECONDE.

Règles de la Psalmodie (1).

1° Quand toutes les syllabes d'un vs. sont longues, il faut compter le nombre de celles qui doivent entrer dans l'intonation, la médiation et la terminaison. (On compte ces deux dernières en commençant par la syllabe qui les termine). Toutes les autres syllabes appartiennent à la tenue et se chantent, comme nous l'avons dit précédemment, au ton de la dominante.

2° Si une syllabe brève se trouve par ordre numérique, dans l'intonation, la médiation ou la terminaison, placée sous des notes qui en allongeraient la quantité, cette syllabe ne compte plus dans le chant, et c'est sur la précédente qu'on exécute cette modulation.

3° S'il y a plus de deux syllabes brèves de suite, on

----

(1) Voyez pour la preuve de toutes ces règles l'ouvrage déjà cité, page 81.

fait longue la troisième en rétrogradant, la quantité prosodique l'exigeant dans ce cas.

4° Le monosyllabe enclitique (1) rend brève la syllabe précédente, quelle que soit la quantité naturelle de cette dernière, et la soumet aux règles ci-dessus exposées, ne comptant lui-même que comme portion du mot auquel il est attaché ; il en est censé la dernière syllabe.

5° La première et la dernière syllabe d'un mot (excepté le cas précédent) peuvent, toujours être longues dans le chant des ps. La dernière peut aussi toujours être brève ; mais la première ne jouit de cette propriété que dans les mots de trois syllabes ou plus. Ces syllabes peuvent donc être surmontées de notes brèves ou longues, selon le besoin du chant.

D'après ces règles, les mots *fuerimus, monuerimus, circumdabit te, dominus est, potens est*, peuvent être chantés comme s'ils avaient longues toutes les syllabes que nous allons souligner :

Fuerimus, monuerimus, circumdabit te Dominus est, potens est.

6° Lorsque la dernière syllabe d'un mot ne doit pas être relevée, ce qui arrive en quelque cas ainsi que nous l'observerons au tableau, elle devient brève, mais ne rend pas longue celle qui la précède immédia-

---

(1) On appelle ainsi celui sur lequel un mot précédent s'appuie de manière qu'il ne puisse en être séparé dans la prononciation. Tels sont ceux du verbe *sum*, les pronoms en régime, etc. Mais deux monosyllabes de suite sont regardés comme un mot unique de deux syllabes.

tement, à moins qu'elle ne soit suivie d'un monosyl-labe, ce qui la fait rentrer dans la règle troisième.

7° Quand deux syllabes brèves sont de suite, elles peuvent compter pour un temps et l'on y exécute la valeur d'une note carrée seulement. S'il se trouvait deux de ces notes, on les reporterait sur la troisième syllabe, qui est forcément longue d'après la règle troisième.

8° L'orsqu'il n'y a pas assez de syllabes pour marquer chaque temps, comme il est indiqué au tableau, on fait sur la première toutes les notes nécessaires pour que celles qui restent puissent se placer sur les syllabes suivantes.

Dans ce cas, si au premier vs. il n'y a qu'un mot pour arriver à l'astérisque, on ne marque que l'intonation et l'on passe entièrement la médiation ; aux autres vs. on n'exécute que cette dernière. En voici des exemples :

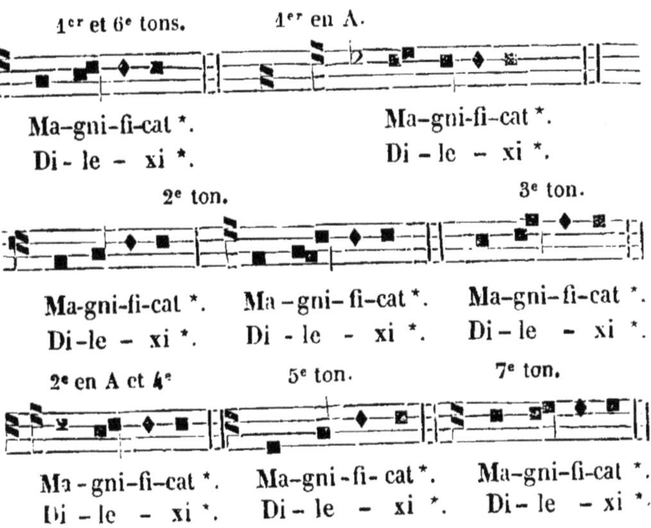

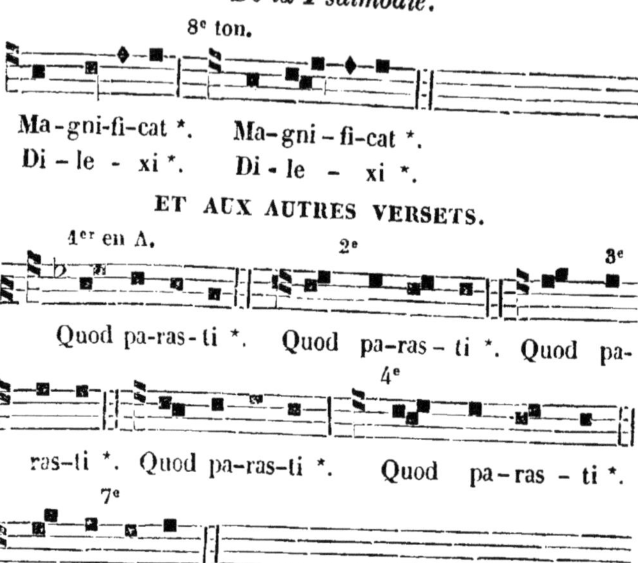

en commençant toujours par la note de la tenue, et
non arbitrairement ainsi que le font certains chantres.

SECTION TROISIÈME.

Tableau où se trouve l'application de toutes les règles précédentes.

Nous notons le premier exemple de tous les tons sur
le vs. *Sicut erat*, etc, parce qu'il s'y trouve une quantité suffisante de syllabes longues, pour tous les cas.
En effet on peut, dans le chant, le prosodier comme
il suit (1) :

---

(1) On sait que nous soulignons toutes les syllabes qui sont ou
peuvent devenir longues.

Sicut erat *in princi* pi o *, et nunc , et semper ,* * *et*
in se cu *la se* cu *lorum. Amen.* (1).

Le second exemple sera pris du ps. 91 *Bonum est ,*
parce qu'il s'y trouve une brève aux trois modulations :
première difficulté à lever :

Bonum est con fi *teri Do* mi *no* *.... *Altis* si *me.*

Pour troisième exemple nous écrirons l'avant dernier vs. du ps. 141 , parce qu'il s'y trouve deux brèves
à l'intonation et à la médiation. Nous y joindrons la
terminaison du 4e vs. du ps. *Dixit* , qui offre la même
difficulté.

Li bera me *à persequen* tibus me *..... *luci* fe *rum*
ge nui *te* (2).

Enfin , pour dernier exemple nous noterons sur la
médiation *laudabunt te Do* mi *ne* * , et sur la terminaison ge ne *ra* ti *onem* , lorsque ces mots ou leurs semblables peuvent offrir un dernier genre de difficultés.

I. *Ton* en *D.*

L'intonation y est de deux syllabes longues , la médiation de même et la terminaison de quatre , dont les
deux premières peuvent être brèves , ainsi qu'il suit :

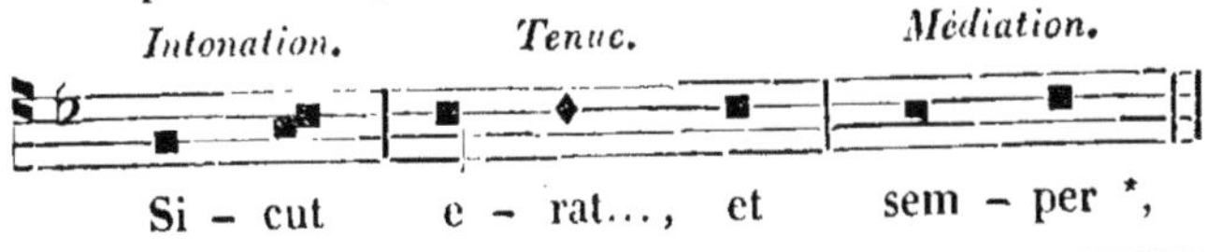

Intonation.	*Tenue.*	*Médiation.*
Si – cut	e – rat... , et	sem – per * ,

---

(1) C'est le squelette de ce vs. (ses voyelles *euouae*) qui a
servi à nos devanciers pour indiquer toutes les terminaisons, sans
doute par les mêmes motifs.

(2) Nous avons ici laissé brèves les syllabes *be, ti* et *nu* qui ne
deviennent longues dans le chant que d'après les règles 3e et 4e.

(1) lu-ci-fe-rum ge-nu-i te. (3e, 4e et 7e règl.)

Toutes les terminaisons suivantes se font après les mêmes intonations et médiations :

en D.

en f.

(1) Voyez ce que nous disons de ces monosyllabes, à la fin....

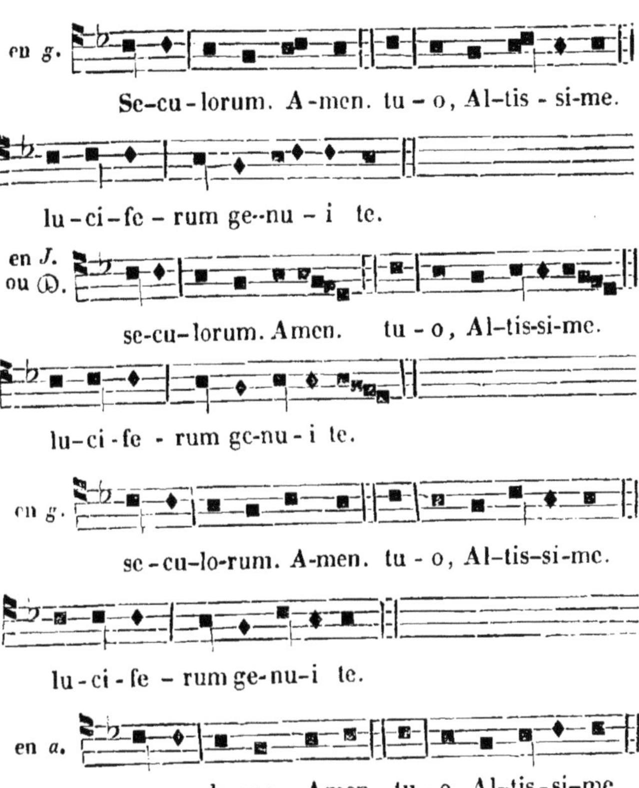

Le 1er ton en A a l'intonation de deux syllabes quel-
conques (voyez règle 4e) ; la médiation au 1er vs.
est de 4, dont la 3e doit être longue (v. règle 7e) ; et
la terminaison de 3, dont la 2e est aussi longue (v.
même règle) :

Aux vs. suivants la médiation est de quatre syllabes,
dont la première ne doit pas être celle qui termine un
mot; la seconde peut être brève; et à la deuxième partie du vs. la tenue est d'un ton plus bas que celle de la
première partie, comme plus haut.

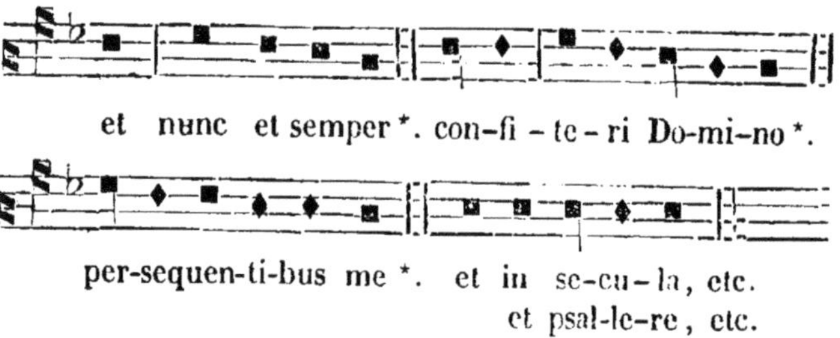

---

(1) Cette seconde intonation ne se fait jamais qu'au premier
vs. Aux autres on prend de suite au *sol* ou au *ré* (selon la clef),
pour faire la seconde tenue. Voyez à la fin pour les exceptions.

IIe Ton en *D*.

L'intonation y est de trois syllabes longues ou brèves;
la médiation de deux syllabes longues; et la terminaison de trois, dont la première peut être brève à
volonté :

Le 2e ton en A a l'intonation de deux syllabes longues;
la médiation et la terminaison de quatre , dont la pénultième seulement doit être longue :

---

(1) Telle est la règle générale fixée sur la règle 4e, page 82.
V. aussi, à la fin, les particularités.

Aux cant. év. l'intonation est de trois syllabes lon—
gues et la médiation de cinq (1) :

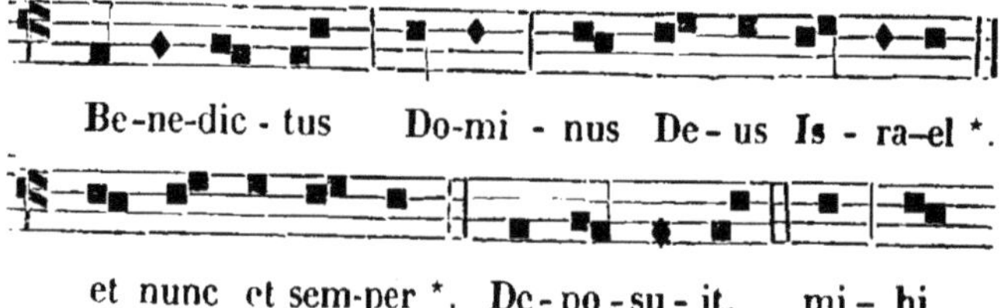

____

(1) Il est inutile de rappeler que les terminaisons s'y font
comme aux ps.

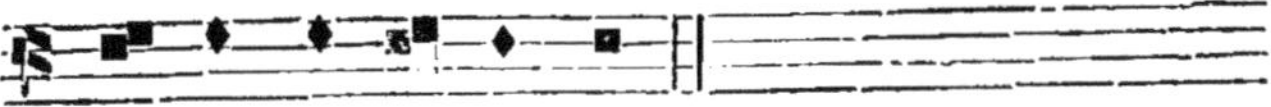

Nota. J'ai cru devoir noter le mot *Benedictus*
comme il l'est ici. On le trouve aux livres liturgiques
noté aussi des quatre manières suivantes, également
mauvaises :

IIIe Ton en E.

Il a l'intonation de deux syllabes longues ; la médiation de quatre, dont la première ne peut être ni celle qui
termine un mot, ni un monosyllabe enclitique (**1**) ; la
terminaison de quatre comme au 2e en A :

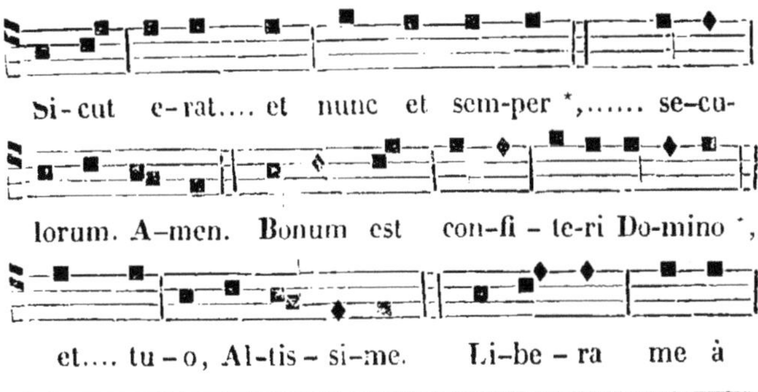

---

(1) Il n'en est pas ainsi des autres monosyllabes, comme on
le voit au mot *nunc* du 1er exemple.

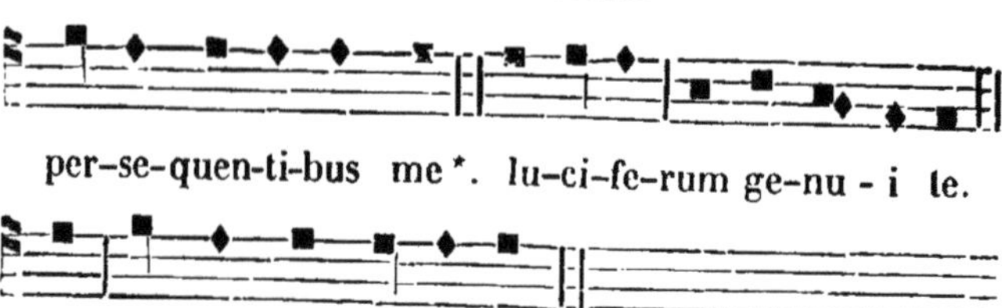

Toutes les autres terminaisons de ce ton ont trois syllabes :

Dans les 3 terminaisons qui suivent la première syllabe peut être brève :

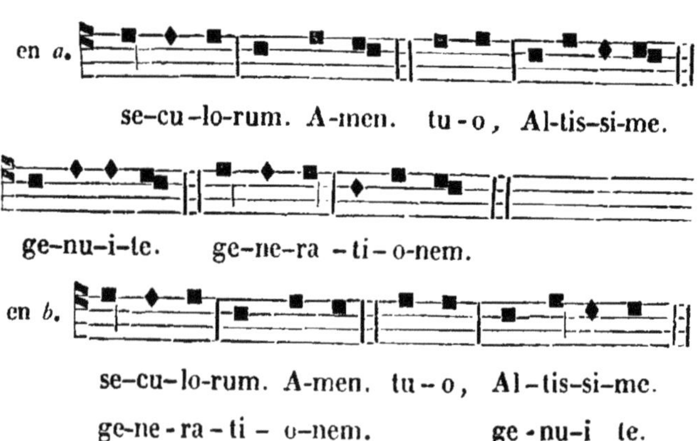

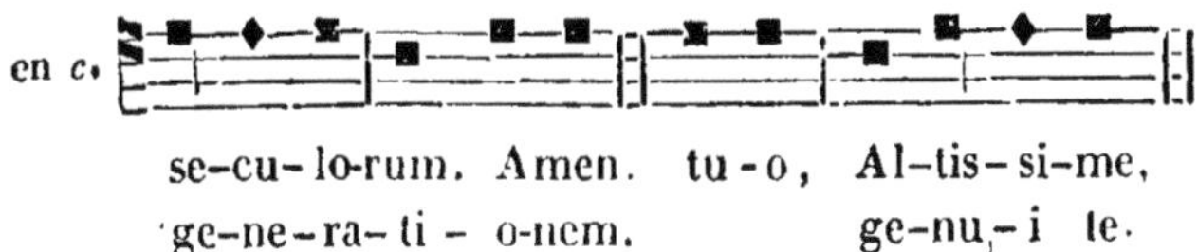

IVe Ton en E.

Intonation de deux syllabes longues ; médiation de quatre et terminaison de cinq , dont les deux premières peuvent être brèves :

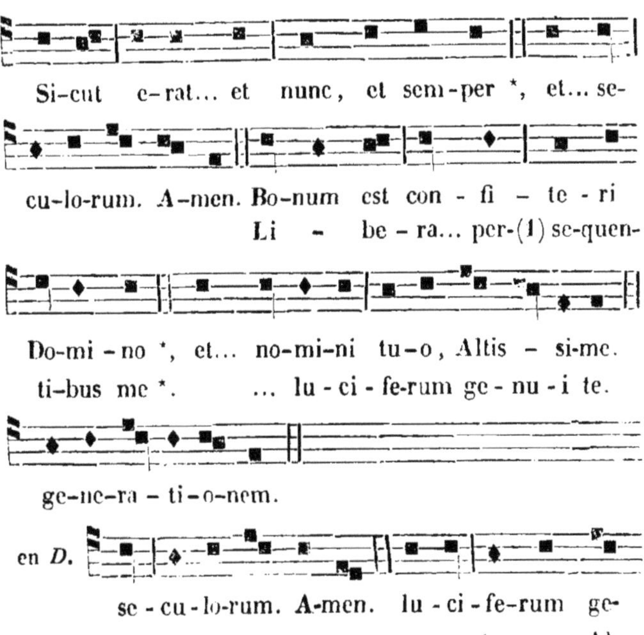

---

(1) Nous mettrons désormais des notes longues ou brèves sur les syllabes qui ne sont pas comprises dans ce qui doit être regardé comme exemple: voyez d'ailleurs règle 5, p. 86.

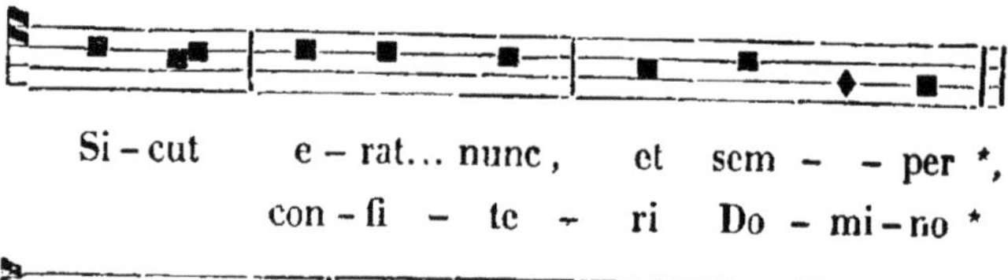

Le ton en *a* a la médiation et la terminaison de trois syllabes dont la 1re peut être brève:

Aux tons transposés la terminaison est de 5 syllabes, dont les 3 premières peuvent être brèves :

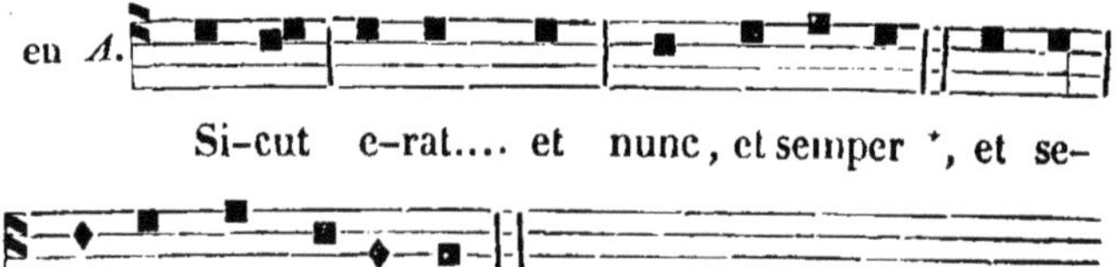

en *c.* 

se – cu – lo–rum. A – men.
ge – ne – ra – ti – o – nem.
luci-fe – rum ge – nu – i te.

en *d.* 

se – cu–lo–rum. A – men.
tu – o , Al – tis-si–me.

Aux cant. év. la médiation est de cinq syllabes lon-gues; le reste comme ci–dessus.

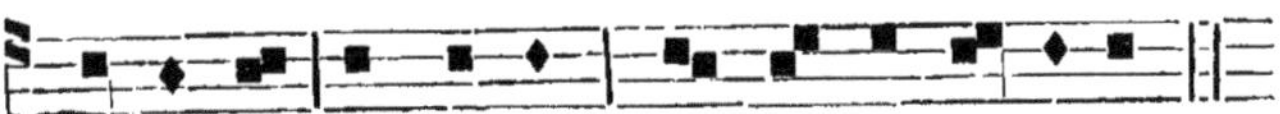

Be–ne–dic – tus Do–mi – nus, De – us Is - ra–el *.

(Voyez pour les autres cas le 2e ton, p. 94.)

Ve Ton en C.

Intonation de trois syllabes longues ou brèves ; mé–diation de deux longues, et terminaison de quatre dont la première peut être brève :

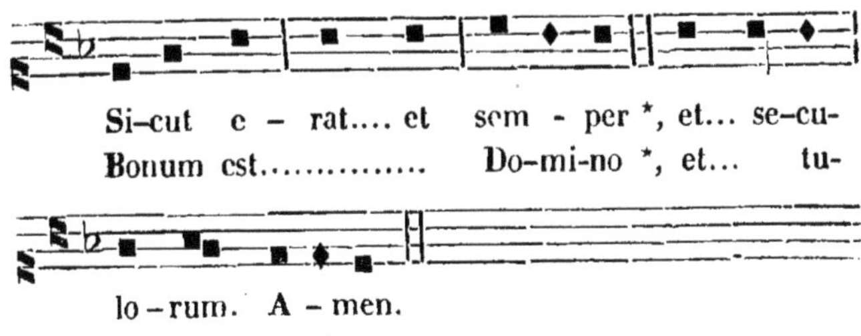

Si–cut e – rat.... et sem – per *, et... se–cu-
Bonum est.............. Do–mi–no *, et... tu-

lo – rum. A – men.
o , Al – tis-si–me.

Dans les deux terminaisons suivantes , on ne relève pas au *ré* la dernière syllabe d'un mot :

en *F.* 

en *a.* 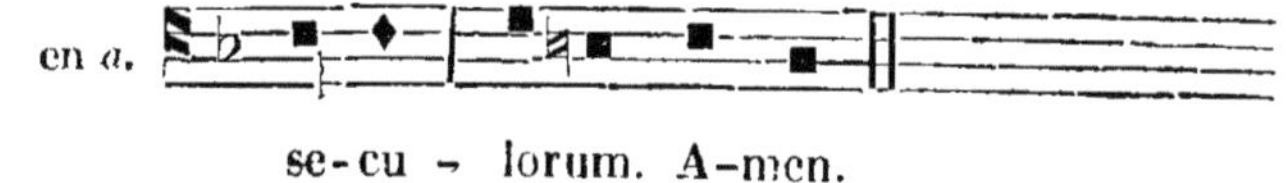

VIe Ton en C.

Intonation comme au 1er ; médiation de quatre syllabes longues , dont la première ne peut être celle qui termine un mot ; terminaison de quatre , dont la première peut être brève (3) :

(1 et 2) Voyez les remarques à la fin.
(3) La tenue à la 2e partie se fait sur le *sol.*

Le ton en *C* a le même nombre de syllabes que le
précédent et suit les mêmes règles pour l'intonation et
la médiation; mais la terminaison n'en a que trois,
dont la première peut être brève :

Aux cant. év. la médiation a une syllabe de plus,

5.

dans ces deux tons seulement ; le reste comme plus
haut :

Les autres terminaisons de ce ton ont quatre syllabes
dont la première peut être brève. Au lieu de médiation,
il n'y a qu'un repos, excepté aux cant. év., où elle est
de deux longues :

Mêmes int. et méd. qu'au précédent :

Et aux cant. évangéliques.

VIIe Ton en G.

Il a l'intonation de deux syllabes longues ; la médiation de quatre, soumises aux règles du 6e ton en C, et
la terminaison de quatre, soumises aux mêmes règles.

Toutes les terminaisons suivantes sont soumises aux
mêmes règles :

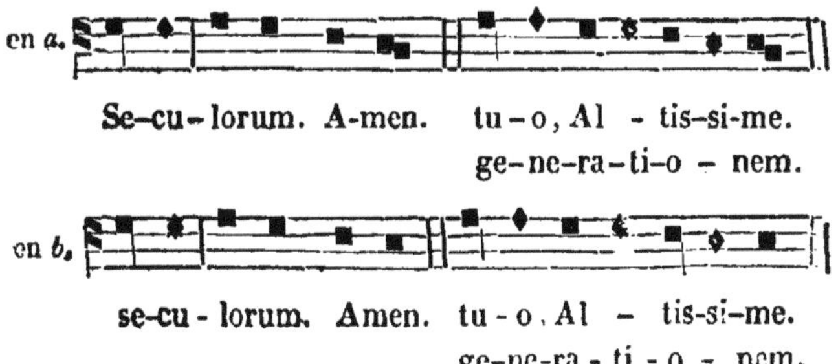

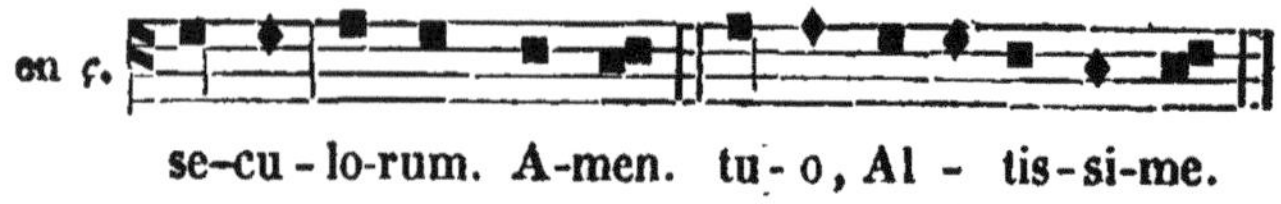

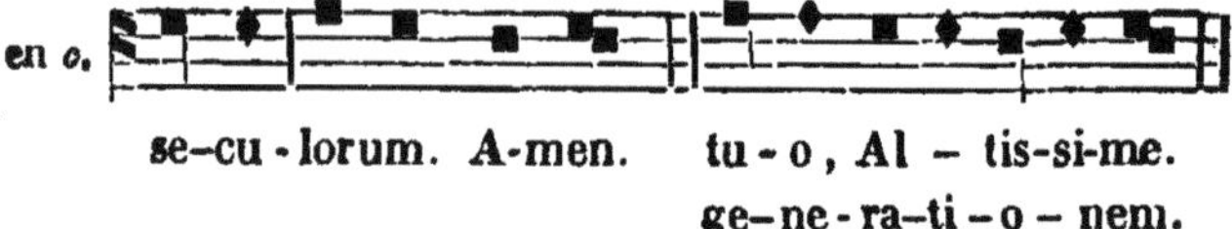

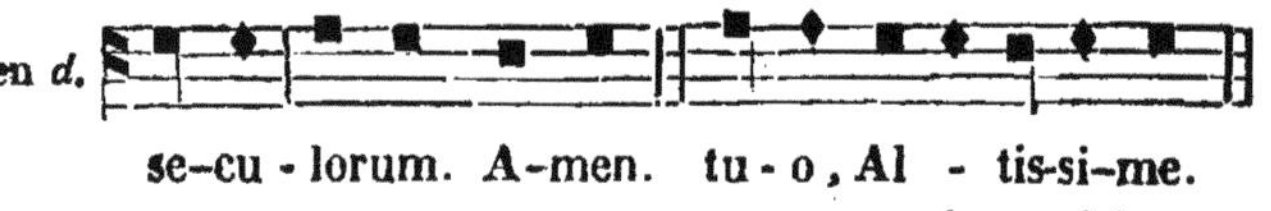

VIIIᵉ Ton en G.

Intonation de trois syllabes brèves ou longues ; médiation de deux longues ; terminaison de quatre, dont la première peut être brève :

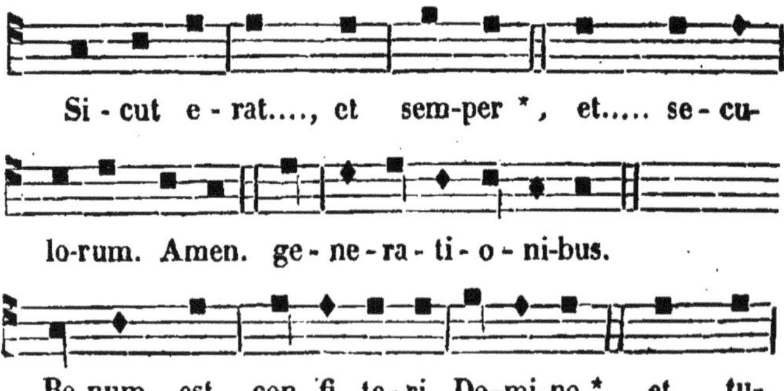

La terminaison en *G* suit les mêmes règles :

Celle en *a* peut avoir les deux premières syllabes brèves :

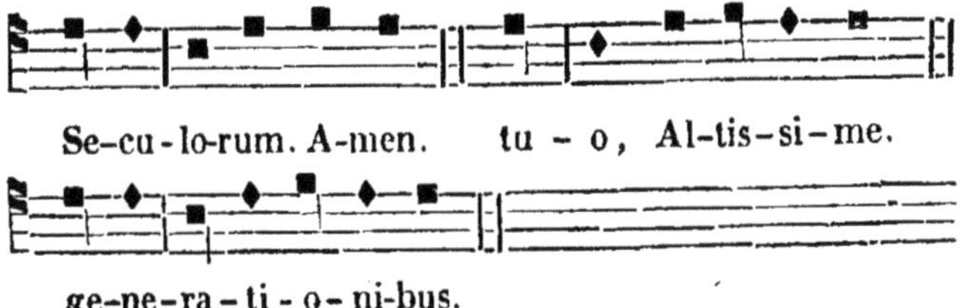

Enfin la terminaison en *D* n'a que trois syllabes, dont la première peut aussi être brève :

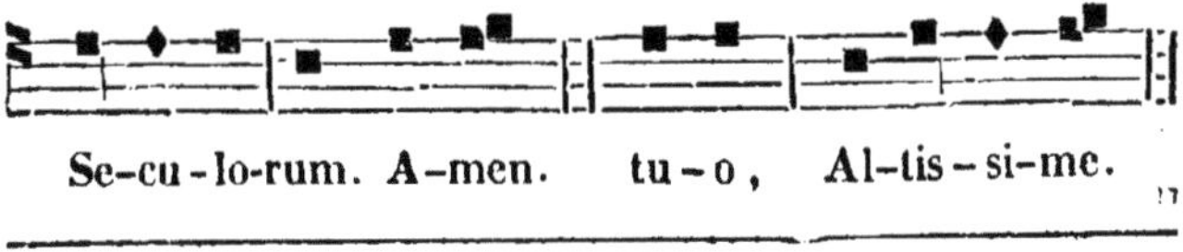

(1) Voyez les notes sur les monosyllabes, page 109.

ge–ne–ra–ti – o–ni–bus.

La médiation solennelle a quatre syllabes longues.
L'intonation est de trois, dont les deux premières peuvent être brèves :

ma-gna qui   po – tens est *; et comme au 3e ton, on ne
relève point la dernière syllabe d'un mot à cette médiation.

SECTION QUATRIÈME.

Additions et exceptions au tableau précédent.

I.

Afin de compléter ce que nous avons donné sur les
ps., nous joignons aux tons suivis généralement, quelques-uns qui ne le sont que dans certaines localités, ou
qui sont composés pour quelques offices particuliers.

Aux convois funèbres, on chante sur le 4e ton en *E:*

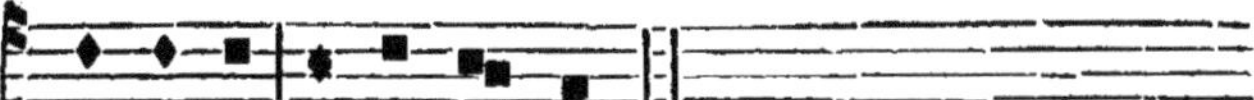

se – ri-cor-di-am tu – am ; dont voici les difficultés prin-
cipales :

Me–o mun-da me. de-lec-ta – be-ris.

Pendant le carême on chante le même ps. au 2e ton
en *D* :

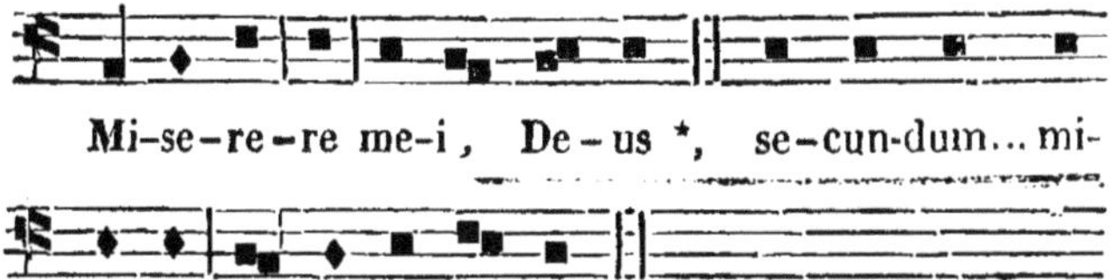

Mi-se-re–re me-i, De – us *,   se-cun-dum... mi-

se – ri-cor – di-am tu - am ; dont deux vs. doivent être
notés ainsi :

i – ni-qui-ta – ti-bus con–cep-tus sum *. et   pec-ca –

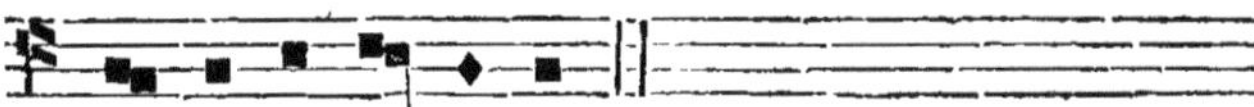

to me - o mun-da me.

A l'office des ténèbres on pourrait suivre les chants
que voici :

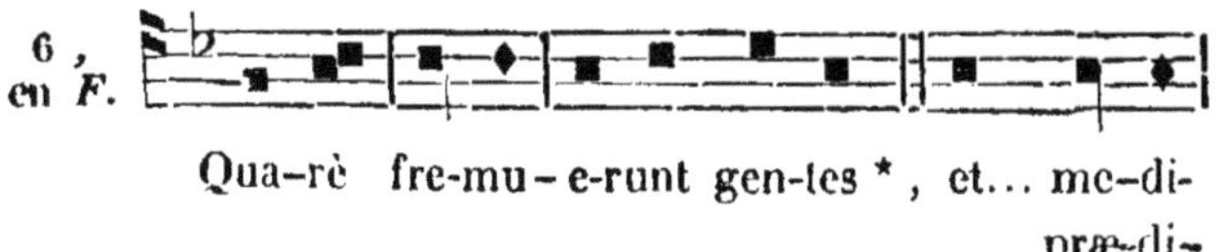

Qua–rè fre-mu – e-runt gen-tes * , et... me-di-
                                        præ-di–

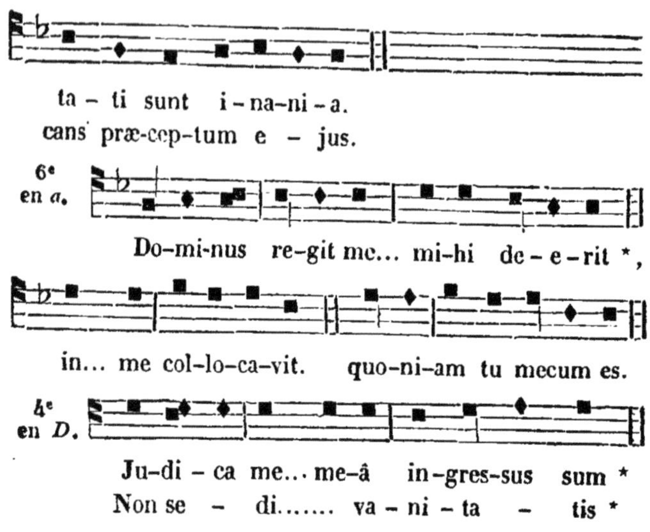

II.

1° La médiation au 1ᵉʳ ton, telle que nous l'avons donnée page 102, souffre quelques exceptions en certains diocèses. C'est ainsi qu'à Dijon, il n'y a qu'un repos à la dernière syllabe avant l'astérisque, quand c'est un monosyllabe ou la dernière d'un mot indéclinable. Nous croyons que c'est une faute en ce que cette fausse médiation confond le chant avec celui du 6ᵉ ton, qui est bien différent ; et l'on doit s'en tenir à ce que nous avons noté à l'endroit cité. Néanmoins voici les exemples de cette anomalie :

Aux 2ᵉ , 5ᵉ et 8ᵉ tons, la médiation , s'il s'y trouve un monosyllabe ou un mot indéclinable, se fait en quelques diocèses, en relevant la dernière syllabe avant l'astérisque, au lieu de la pénultième ou de l'antépénultième :

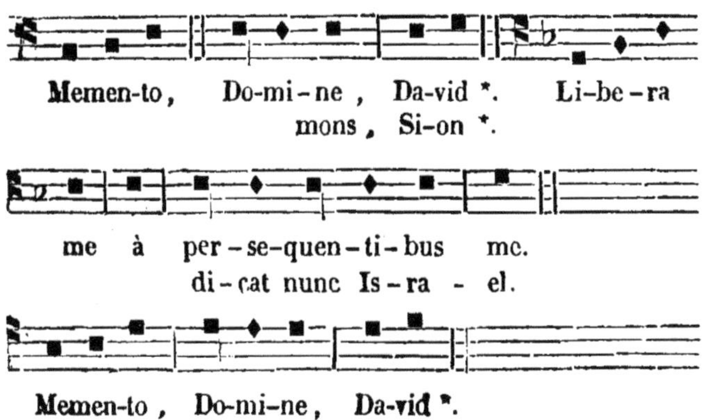

Pour le 4ᵉ ton on a noté, dans les cas précédens , ainsi qu'il suit :

Enfin au 1er ton en **A**, on fait quelquefois une seconde intonation qui n'existe que pour les chants bisontins , lyonnais , etc :

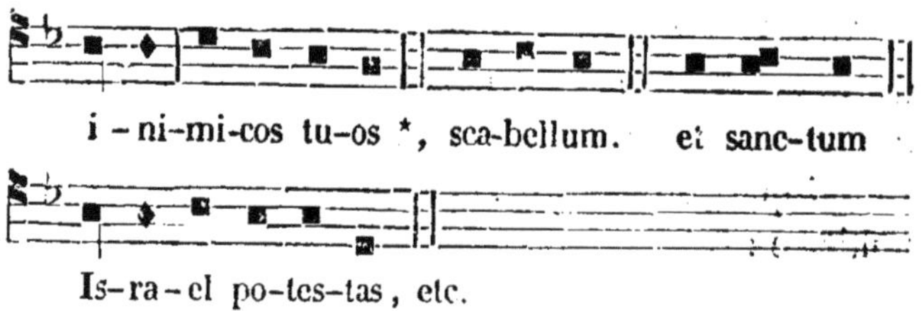

Nous pensons d'abord que pour tous les cas cités ici
il vaut mieux s'en tenir à ce que nous avons donné au
tableau. Peut être était-il bien de faire remarquer un
mot hébreu ou un monosyllabe autrefois quand la
presque totalité des chantres étaient des ecclésiastiques
et savaient le latin. A cause des doutes qui nous restent
à cet égard, nous nous abstiendrons de prononcer. Mais
nous trouvons au moins maladroit de conserver la cause
d'une cacophonie extrêmement fréquente. Qu'on s'en
tienne à éviter les fautes grossières de quantité : ce
sera le mieux.

Puis, la 2e intonation citée ici pour le **1er** ton en **A**,
n'existe point dans le chant de Paris. Pourquoi l'y in-
troduire ? Les règles en sont si difficiles à observer que

l'auteur de la méthode de chant bisontin (1) a cru devoir noter au long tous les vs. du ps. *In exitu*, qui se chante dans ce ton.

III.

Aux terminaisons des 3ᵉ et 5ᵉ tons, 8ᵉ en G, et autres, on fait quelquefois une faute grave de quantité, en chantant de la manière suivante :

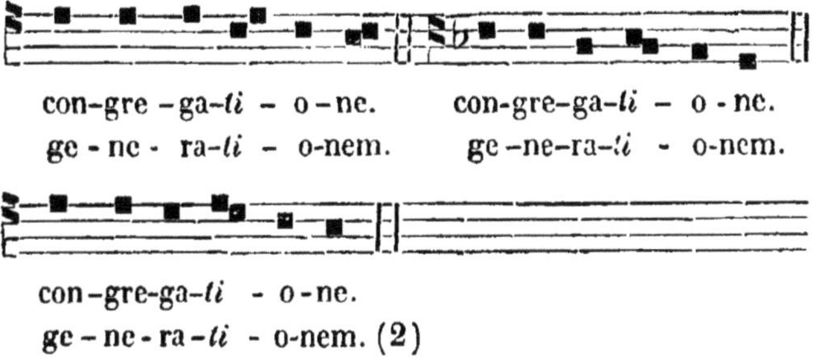

Aussi a-t-on déjà corrigé cette faute pour le 5ᵉ ton, en établissant une règle nouvelle qui fait reporter les deux notes sur la syllabe suivante :

Mais outre que cette transposition pourrait devenir quelquefois embarrassante, ne vaut-il pas mieux la

---

(1) Ce petit ouvrage est excellent, quoi qu'en aient dit deux auteurs récens qui n'ont guère réussi que dans les citations et les copies, formant les 2/3 au moins de leur tout petit livre.

(2) Voyez 2ᵉ et 7ᵉ règles, pages 99 et 100.

faire sur la syllabe précédente, puisqu'alors on suit les règles 2 et 7 , citées p. 99 et 100 ? Nous croyons donc qu'il faut encore à cet égard s'en tenir à ce que nous avons dit au tableau.

Nous ne prétendons pas avoir épuisé tout ce qu'il y avait à dire sur le sujet que nous venons de traiter. Nous avons désiré surtout être utile aux chantres des paroisses ; lesquels ne peuvent pas toujours faire une étude approfondie de cette partie de leurs fonctions. C'est à eux à prononcer si nous avons réussi.

CHAPITRE VII.

§ I.

De la manière d'entonner ; de la mesure, etc.

Pour ne point se fatiguer et ne pas fatiguer ceux qui écoutent, il faut commencer la pièce de chant sur un ton tel que ceux qui doivent l'exécuter puissent le faire sans effort. Comme on n'a dans les paroisses que très-rarement des instrumens qui puissent diriger à cet égard, voici deux règles pour y suppléer :

C'est d'aller à la finale de la pièce, de prendre cette finale à la moyenne portée de la voix, si c'est d'un ton pair qu'il s'agit, et de passer de là à la première note de la pièce en observant les intervalles.

S'il s'agit d'un ton impair, il faut prendre la finale sur un ton très-bas (puisque presque toujours il faut monter jusqu'à son octave, et quelquefois plus haut), et passer de là à la première note.

Il serait bon aussi de conserver aux psaumes la même dominante, c'est-à-dire de former sur *ut*, *ré*, *fa*, *la*, etc. (dominantes des psaumes), absolument le même son. Pour cela, quand il n'y a point d'instrument propre à cet effet, après avoir commencé le premier sur un ton convenable, celui qui doit régler le chœur fera bien, en finissant la premiere antienne, d'appuyer de suite sur la dominante de cette antienne ‘ qui est aussi celle du premier psaume. Alors la personne qui impose l'antienne suivante, doit se régler sur ce qui lui est indiqué par là ; sinon le maître de chœur part de cette dominante, et, comme si c'était celle du psaume suivant, revient tacitement à la première note de ce deuxième psaume. Ainsi :

Supposons qu'on ait chanté le premier psaume sur le premier ton. La finale de l'antienne sera *ré :* le maître fait entendre en finissant le son *la* (qui forme accord avec le *ré*). Supposons ensuite que la deuxième antienne soit mal imposée, il doit, si le deuxième psaume est du deuxième ton, dire : *la*, *fa* (à l'unisson) et, en décomptant, *fa*, *mi*, *ré*, *ut.* Il a alors *ut* au ton convenable. Que le troisième psaume soit du troisième ton, il aura *fa.... ut*, *si*, *la*, *sol*, etc.

On doit observer aussi, dans l'imposition des antiennes, qu'on n'y fait point le neume (1) aux offices des morts, à ceux des ténèbres et des simples, et qu'ainsi il est nécessaire de supprimer celui qui se trouve au Rituel in-4°, Dijon, 1822, pages 153 et suivantes, comme il est en effet supprimé, dans les mêmes cas, au Vespéral, pages 486, etc.

Quelque morceau que l'on chante, il faut le faire sans affectation, prononçant naturellement chaque syllabe, sans précipitation comme sans longueurs, ayant soin d'ouvrir plutôt que de fermer trop certaines voyelles : car il y en a par exemple qui prononcent *o* comme *ô* et même comme *ou* ; *a* comme *â*, *ou* et *oua* ; *e* comme *eu*, *ê*, etc. Rien de plus ridicule et de plus

---

(1) On appelle ainsi la modulation qui termine le premier mot ou l'imposition de toutes les pièces de chant à la messe.

fatigant que ce qui n'est point naturel. Il faut aussi, quand on entend le latin, se pénétrer autant que possible du sujet que les paroles expriment : quelquefois cette pensée seule change absolument l'expression du chant.

Enfin tout chant quelconque a une mesure , quoique jusqu'à présent aucune méthode que je sache n'ait parlé de celle du plain-chant. C'est de l'interrompre ou de ne pas l'observer avec exactitude, que viennent des cacophonies fatigantes pour ceux en qui le chant des louanges de Dieu devrait produire de tout autres effets.

Cette mesure est quelquefois partagée en des temps égaux au nombre de trois ou quatre. Alors il faut faire en sorte que tous ces temps , et au moins les mesures (c'est-à-dire la réunion de ces trois ou quatre temps), soient parfaitement égaux entre eux. Le *Statuta*, noté au chapitre VI , est sur une mesure à trois temps, chaque brève ou sa valeur pour un temps ; les hymnes *Quis novus cœlis*, etc. , sont sur des mesures à deux temps , une double carrée ou sa valeur à chacun , ou bien encore sur une mesure à quatre temps , la carrée pour chacun ou sa valeur.

Plus ordinairement le plain-chant n'est pas mesuré . c'est-à- dire partagé ainsi par le moyen des barres, qui, pour marquer la mesure, doivent être *simples* et traverser les quatre lignes (1). Alors on doit supposer que la mesure du chant est d'un seul temps de la valeur d'une carrée , rester conséquemment sur chacune un

---

(1) Voyez le ch. où il en est parlé, page 42.

temps égal, donner toujours une queue à la carrée qui précède une brève seule, mais la lui ôter toutes les fois que cette carrée est suivie de deux brèves , frapper enfin sur chaque carrée ou sa valeur , et deux fois sur chaque double.

§ II.

Sur l'harmonie des tons du plain-chant.

Les plus grands musiciens ont admiré le ton simple mais sublime de certaines pièces de chant, telles que les *Préfaces* , *Pater* , etc. ; et si le chant de M. Choron est si fort au-dessus de l'ancien , c'est qu'il se rapproche davantage , selon moi , de cette noble simplicité des pièces dont je parle.

On peut d'abord remarquer en général que , comme il a été dit au chapitre des gammes et ailleurs, la gamme majeure est plus propre à rendre des sentimens de hardiesse, de joie mâle , de courage , etc. ; et la gamme mineure, les sentimens de tendresse , de douleur , de sacrifice, etc. Cette différence sera sentie par tous ceux qui solfieront attentivement les exercices donnés au chapitre II. Entrons dans quelques détails sur chaque ton.

Ier. Ton. Chanté gravement , il est pathétique, propre aux sentimens de douceur et d'admiration.

IIe. Ton. Son chant imposant, triste , passionnément tendre , exprime les gémissemens ; il est quelquefois lugubre. On l'emploie très-fréquemment dans les offices des morts , mais alors il exige une marche lente : ou en détruirait tout l'effet par la rapidité des sons. Il a souvent un accent prophétique.

IIIe. Ton. Il est propre à des sentimens d'abandon il marque la confiance ; c'est le langage de l'intimité. Propre à exprimer une prière, il deviendrait léger et même fatigant si on en précipitait ou retardait trop les sons.

IVe. Ton. Il est timide dans sa marche ; représente la douceur de l'enfance et le respect dans la prière , le repentir et la componction ; il doit être chanté gravement.

V^e. Ton. Les chants de ce ton expriment l'allégresse, la gaieté , la joie, les sentimens vifs, le bien-être ; il a une expression pleine de noblesse et de majesté. On l'emploie surtout dans les grandes solennités.

VIe. Ton. Son chant est propre à la piété ; c'est un langage affectueux qui exprime les sentimens de vénération d'une âme tendre ; il est gracieux et facile ; il est moins vif que le cinquième, et exige une marche un peu plus lente.

VIIe. Ton. Chant vif et animé, moins cependant que dans le cinquième ; il a des chutes un peu plus difficiles à exécuter, mais d'un bel effet quand elles le sont avec *aplomb*. Il respire quelque chose de guerrier, et on l'emploie assez souvent pour l'office des martyrs, dans les répons, etc.

VIIIe. Ton. Il convient à presque tous les sujets ; il est très-étendu, très-varié, et employé très-fréquemment.

Si l'on est curieux de connaître ce que les anciens

ont dit sur l'harmonie des huit tons du plain-chant, on en trouvera le résumé dans ces mots généralement connus :

Primus, gravis; secundus, tristis; tertius, mys-ticus; quartus, harmonicus; quintus, lætus; sextus, devotus; septimus, angelicus; octavus, perfectus.

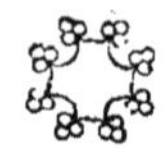

CHAPITRE VIII.

Premier supplément aux livres liturgiques.

Il y a certaines phrases de chant, courtes et peu variées, que l'on n'a voulu inscrire à aucun des huit tons
dont nous avons parlé. Ce sont les leçons, épîtres,
évangiles, vs., R., etc, etc, dont les règles pour la lecture et la prosodie sont développées dans l'ouvrage dont
nous avons parlé, p. 95. Nous n'en écrivons ici que
le chant, renvoyant à ce travail spécial pour les explications ultérieures.

1°. On chante à l'office de matines :

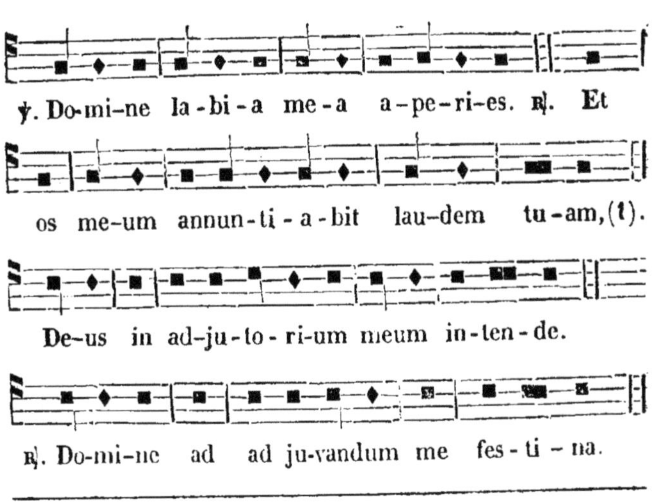

---

(1) Ce chant continué ainsi sur la même note est dit *recto tono.*

℣. Glo-ri - a Patri etc. *recto tono*, c'est-à-dire, toutes les syllabes sous la même note, *la*, jusqu'à ces mots :

Le vs. avant les leçons du même office se chante comme il suit, en comptant pour la modulation qui le termine quatre syllabes dont la première seule peut être brève (2) :

Les **R**. de ces vs. se récitent toujours à voix basse.

(Ajoutons de suite les vs. de cette espèce qui se chantent encore partout, je veux dire ceux des jeudi, vendredi et samedi saints :

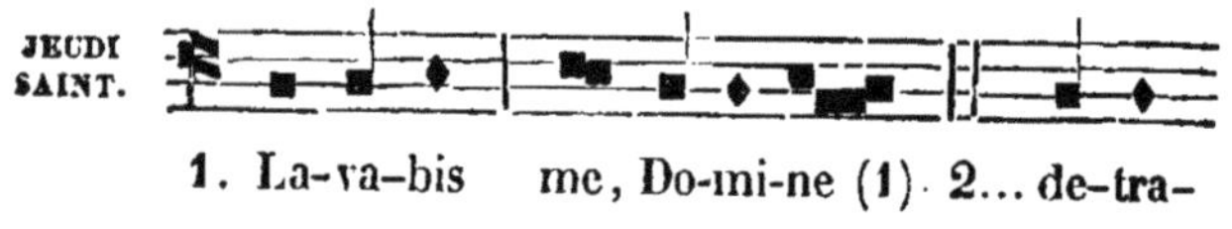

---

(2) Tous les exemples qui vont suivre seront tirés de l'office de Noël.

(1) Nous avons suivi ici les mêmes règles que pour la psalmodie, v. ch. VI. Il en sera de même encore pour les vs., les leçons, épitres, etc.

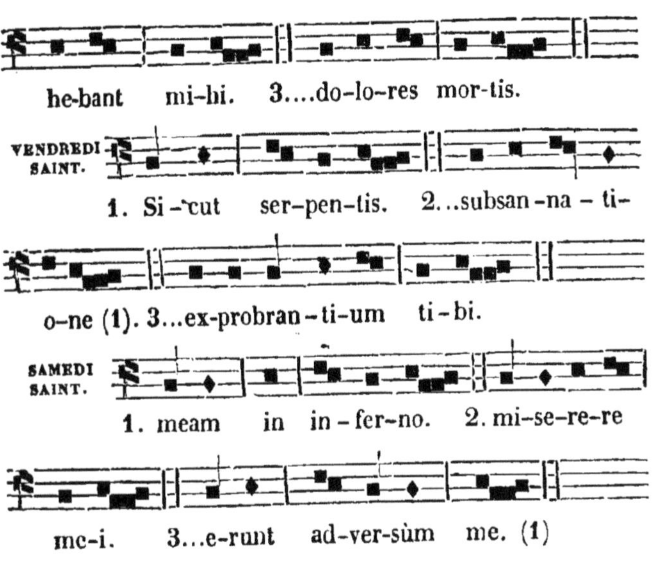

Après ces vs. on chante :

Puis les absolutions et bénédictions, en passant du
fa au *la* et terminant au *ré* :

---

(1) Voyez ce que nous avons dit ailleurs sur le mot *congrega-*
tione, p. 111.

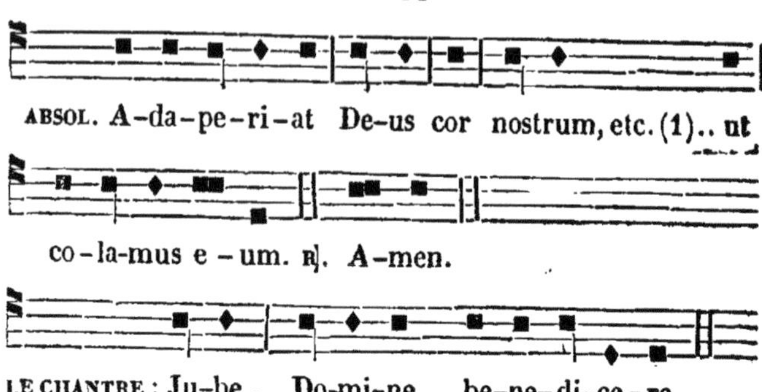

Le prêtre poursuit :
Et l'on répond *Amen*, comme plus haut.

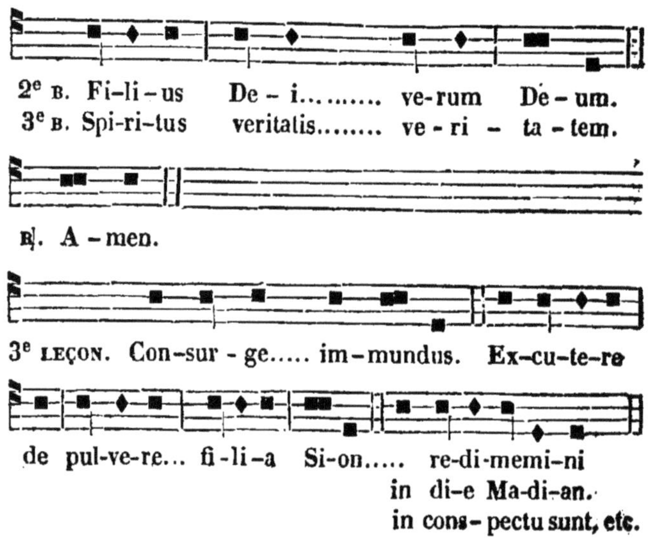

___

(1) Toutes les syllabes qui ne sont pas écrites se chantent *recto tono*.

Les leçons des morts et le vs. qui les précède se terminent par la modulation appelée *diaptose* et que l'on
fait ainsi :

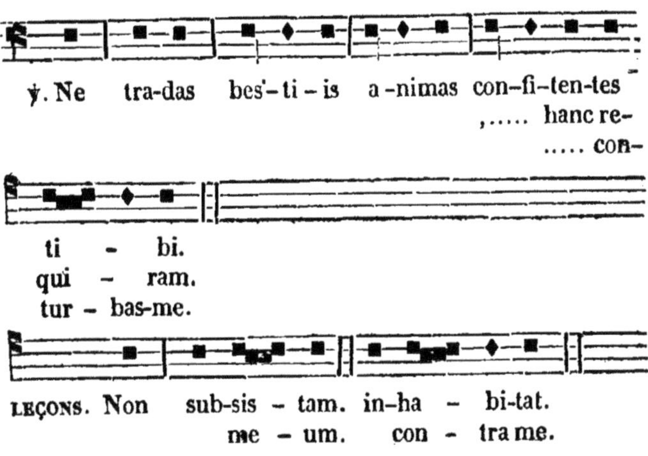

Aux points d'exclamation ou d'admiration, il n'y a
qu'un repos suspensif comme à celui d'interrogation :

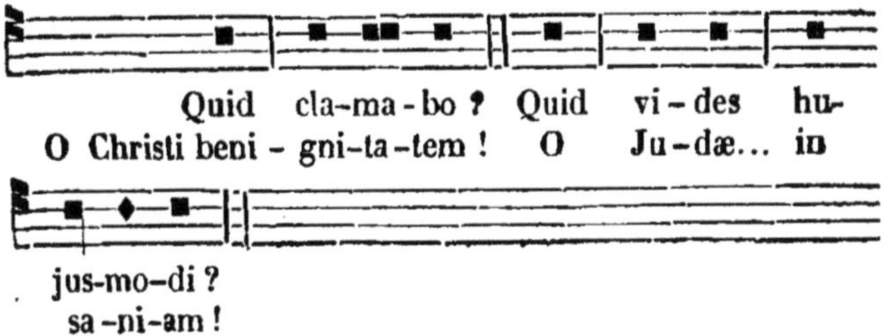

Observation. La routine veut que sur la dernière syllabe d'un mot hébreu indéclinable ou sur un monosyllabe on fasse toujours une *diaptose*. Nous répétons qu'il vaux mieux s'en tenir à ce qu'il y a de plus simple et de plus facile à saisir, puisque, à la campagne, des enfans mêmes sont quelquefois chargés du chant des leçons. Ils verront un point d'interrogation ou d'exclamation ; mais un mot hébreu et indéclinable ! il faut convenir, si l'on est de bonne foi, qu'ils ne les distingueront que par une routine qu'on ne peut presque jamais leur donner. Si l'on m'objecte que je conserve la règle de prosodie qui rend brève la syllabe suivie d'un enclitique, et que pour être conséquent je devrais encore faire disparaître cette difficulté ; je répondrai que l'œil reconnaît toujours un monosyllabe ; que tous se ressemblent ; qu'il n'est point nécessaire conséquemment de les apprendre tous de mémoire ; que d'ailleurs il s'agit ici d'une règle de quantité qu'on ne peut négliger sans choquer l'oreille ; qu'elle retrouve son application dans les ps ; et que dès lors il n'est pas d'office où elle ne se représente plusieurs fois ; choses bien différentes quand il s'agit d'hébreu et de déclinaisons !

Après le *Te Deum*, s'il y a un vs., il se chante sur le ton ordinaire, V. le v. des vêpres (Voyez aussi les offices de Noël, du S. Sacrement et du Sacré Cœur, notés sans renvois, un vol. in-12 ; 1 fr. 50, à Dijon.)

2o. A Laudes et à Vêpres, le capitule se chante *recto tono*, si ce n'est qu'à la fin on termine comme les vs. (v. plus bas) ; et on y répond par *Deo gratias*, comme à la fin des leçons (v. page précédente).

Le vs. *Dominus vobiscum* et son ℟. se chantent toujours *recto tono*. Il n'y a d'exception que pour celui de
la Préface ou des pièces de la même espèce.

Le vs. qui suit l'hymne a un ton particulier. A Paris
il se termine ainsi :

Les Oraisons se chantent aussi *recto tono*, mais on
termine par une modulation toute semblable à la médiation du 3ᵉ ton dans les ps. Voyez-en les règles, p. 104 :

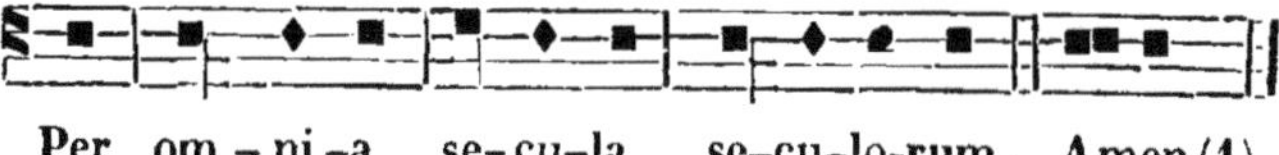

Les vs. *Divinum auxilium,* etc. ; *Gratia Domini ,*
etc. ; *Fidelium animæ,* etc. ; *Requiescant in pace ,*
etc ; par lesquels on *termine* les offices , se chantent au
fa, recto tono. On y répond aussi : *Amen.*

3°. Aux petites heures , quand on chante les prières,
elles commencent ainsi :

---

(1) Ce ℟. se chantant toujours *recto tono* , nous ne le noteron
plus.

6.

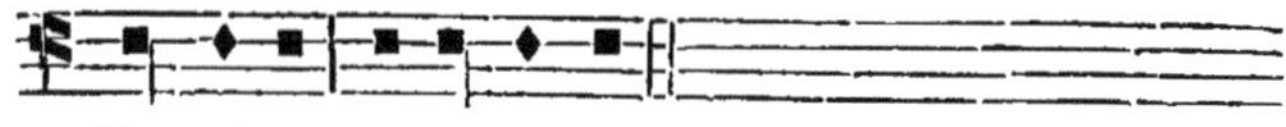

Puis on continue par les vs., qui se terminent de *fa*
en *ré* (deux syllabes longues).

Nous donnons pour exemples ceux de l'office des
morts :

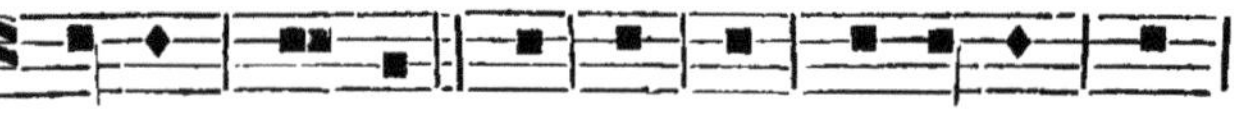

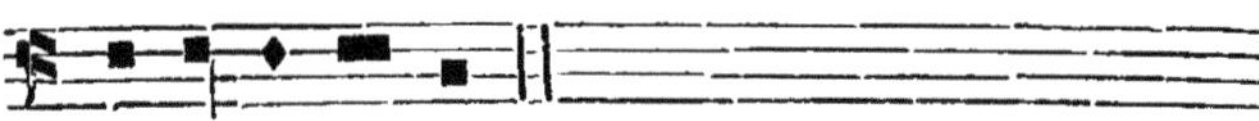

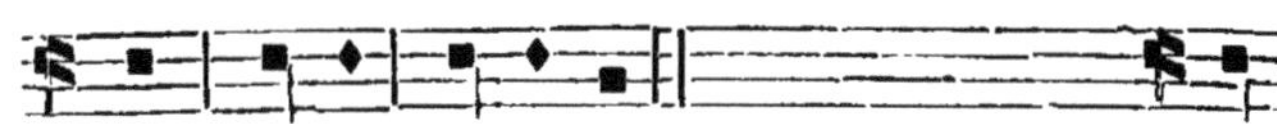

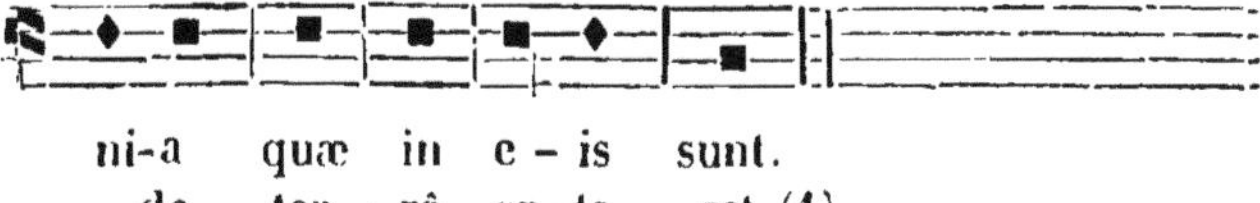

4°. **A** la bénédiction de l'eau ou du feu avant la messe, les oraisons se terminent comme les vs. ci-dessus de *fa* en *ré*. Il en est de même des autres bénédictions chantées. Voici pour exemple celle du T. S. Sacrement :

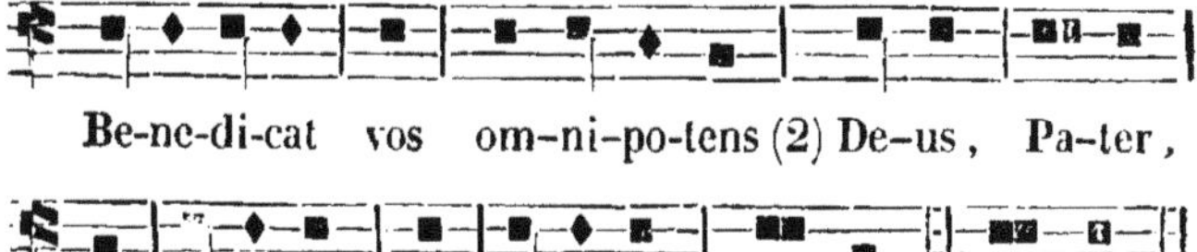

Aux messes des *IV Temps*, on chante les mots suivans :

Le vendredi St., ces mots précèdent les oraisons appelées *Monitiones*, qui se chantent au *ré* et se terminent ainsi :

---

(1) Voyez ce que nous avons dit de ces mots, pages 119 et 99.

(2) Ces chutes à la tierce sont seulement *d'usage*; il n'y a que celle du mot *sanctus* qui soit *de règle*, et l'on ne doit en faire qu'à la fin dans les autres bénédictions.

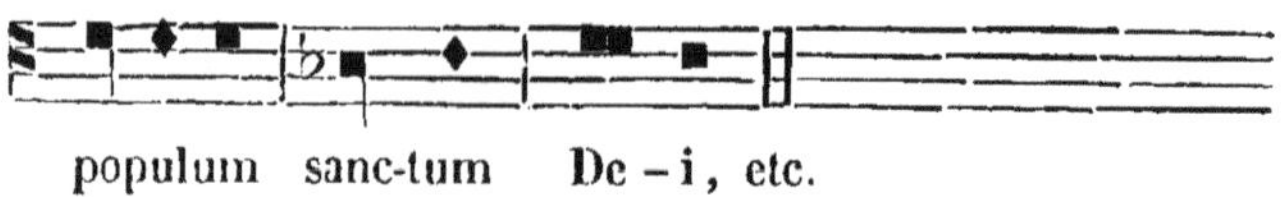

L'oraison suivante se reprend à *l'ut* et se chante comme nous l'avons dit , page 120.

A l'Epître les diverses modulations sont marquées par des signes , et se chantent à Paris comme nous les notons ici :

Epître du jour de la Pentecôte.

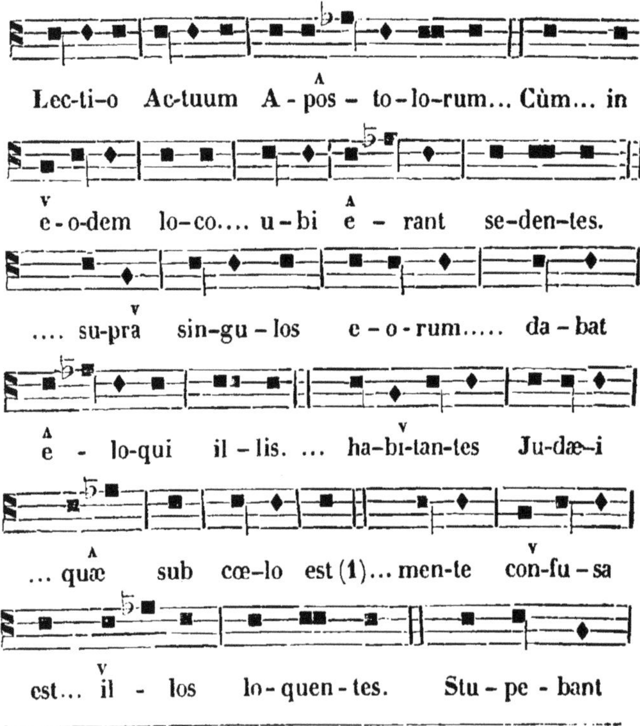

---

(1) Nous nous en tenons aux principes et aux règles développés ailleurs.

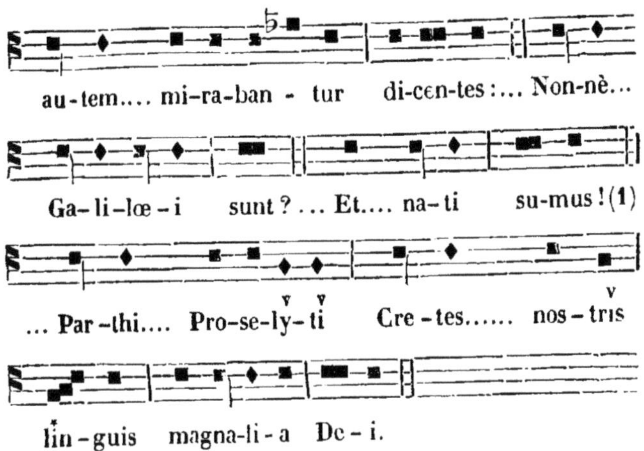

Les modulations sont aussi marquées à l'Evangile et s'exécutent comme ci-dessous :

Evangile du jour de Saint Jean.

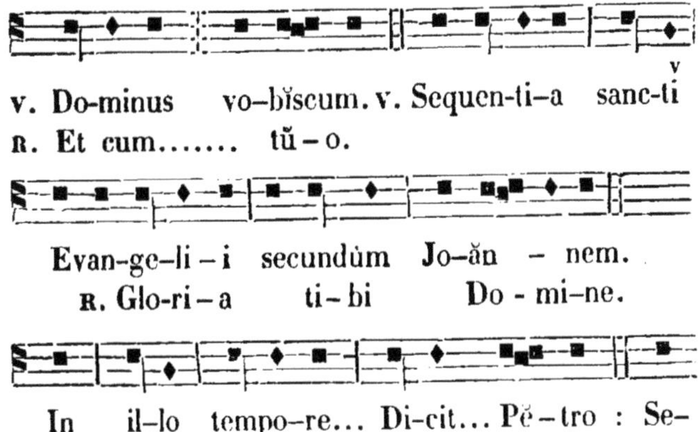

---

(1) Ainsi se font, *recto tono*, tous les points d'interrogation ou d'exclamation dans le chant de Paris.

Observation. On peut remarquer sur le signe ᴧ.
une modulation à la tierce, au-dessus de la note principale, analogue à la médiation du 3ᵉ ton dans les ps.
et à la fin des oraisons. Aussi en avons-nous suivi les
règles.

---

(1) Voir la note page 128.
(2) Voir la note page 129.
(3) La routine avait joint ce mot aux mots *hébreux indéclina-
bles.* Nous suivons pour tous une seule règle.

Nous terminons ce chap. en notant les autres vs. qui se chantent à la messe :

A la Préface.

Au Canon.

NOTA. Lorsqu'on récite les ps. de la Pénitence, c'est *recto tono*, et il n'est besoin que d'observer exactement les repos (1) :

---

(1) Voyez pour les règles de ces repos l'ouvrage déjà cité, p. 95.

◇◇◇◇◇◇◇◇◇◇◇◇◇◇◇◇ ◇◇◇◇◇◇◇◇◇◇◇◇◇

TROISIÈME PARTIE.

Chant musical, Exercices et Supplément.

CHAPITRE I.

Du Chant Musical.

Comme ce n'est point un traité de musique que j'ai eu dessein de présenter, je ne placerai ici que ce qui est nécessaire à ceux qui auront étudié les principes dans ce livre, pour chanter avec goût les morceaux de musique vocale ou de plain-chant musical qu'ils auraient. Je ferai ensorte qu'ils puissent se rendre compte de l'harmonie d'un chant qu'ils peuvent entendre ou exécuter tous les jours, et qu'ils sachent distinguer les tons du plain-chant qui conviennent mieux à la transposition de telle ou telle pièce. Je serai très court. Néanmoins si l'on m'a bien étudié et compris, l'on n'aura aucune peine à mettre en plain-chant musical quelque pièce de musique vocale que ce soit.

Et d'abord il est nécessaire de connaître les signes particuliers à ce chant, leur valeur, leur mesure, etc.

§ I.

Des signes propres au chant musical comparés à ceux de la musique.

Ces signes sont : la *blanche* (□) : elle équivaut à quatre carrées (■), et répond à la ronde de la musique (𝄻) ;

2°. La longue ou double carrée (■■) : nous savons déjà sa valeur ; elle répond à la blanche de la musique (𝄶) ;

3°. La carrée à queue ou pointée (■ ou ■·), qui vaut une carrée et demie ou trois brèves, et répond à la noire pointée de la musique (♩·) (1) ;

4°. La carrée sans queue ni point (■), qui répond à la noire (♩) ;

5°. La brève ou losangée (♦) : elle vaut la moitié de la carrée et répond à la croche (♪, ♪, ♫, etc.) ;

6°. La petite brève, qui n'est que la moitié de la précédente (◄), et répond à la double croche (♬, ♬, ♬) ;

7°. Enfin les notes d'agrément (♦) qui ne comptent point dans la mesure, et remplacent celles de la musique (♪) ;

---

(1) On voit que dans ce chant le point ajoute à la note qui le récède la moitié de sa valeur. Nous avons vu qu'il a une autre aleur dans le plain-chant.

§ II.

De la mesure.

Toutes les mesures se prennent de la valeur de la blanche du plain-chant, ou de la ronde de la musique : on les marque au moyen de chiffres placés au commencement des pièces, et qui apprennent tout à la fois combien il y a de temps à chaque mesure, et de quelle valeur est chaque temps.

Ainsi 2/4 marque une mesure à deux temps, qui ont chacun la valeur du quart de la blanche ou ronde (1).

3/4, une mesure à trois temps de même valeur que les précédens (on retranche ordinairement le trait qui sépare les deux chiffres : $\frac{2}{4}$, $\frac{3}{4}$).

6/8 ou $\frac{6}{8}$ indique une mesure à six temps qui ont chacun la valeur du huitième de la blanche ou ronde, comme qui dirait *six huitièmes*. Cette mesure s'exécute comme si elle n'était qu'à deux temps, trois huitièmes de blanche ou de ronde pour chacun, c'est-à-dire trois ♦ ou trois ♩ (c'est la mesure de la prose *Solemnis hœc*, etc.)

3/8 ou $\frac{3}{8}$ annonce une mesure à trois temps de la valeur d'une brève ou d'une croche chacun (c'est la mesure de *Statuta*, etc.)

Au lieu de répéter deux fois le même nombre $\frac{2}{2}$, on n'en a placé qu'un en tête des pièces. Ainsi 2 marque une mesure à deux temps, chacun de la valeur d'une

---

(1) Ici nous parlons de la blanche du plain-chant, telle que nous l'avons donnée plus haut.

demi-blanche ou ronde de la musique. Au lieu d'écrire $\frac{4}{4}$ on a écrit $\mathbf{C}$, annonçant une mesure qui renferme quatre quarts de la ronde ou blanche du plain-chant. On marque ces quatre temps avec la main en chantant, ainsi que les autres mesures, de cette manière :

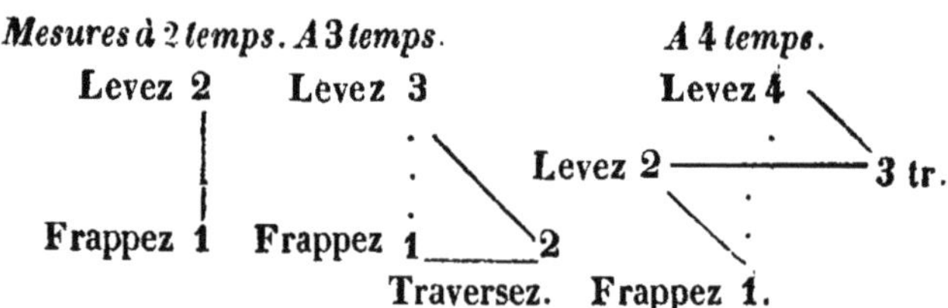

Souvent il y a dans une mesure des signes de repos qui doivent compter pour cette mesure chacun selon sa valeur. Ce sont ceux mêmes de la musique ; ainsi :

(⬚) équivaut à une blanche (▢); (⬚), à une double carrée (▮); ⬚, à une carrée (▪); (⬚), à une brève (◆); (⬚) à une demi-brève (▰).

CHAPITRE II.

Comparaison des gammes de la musique vocale avec celles du plain-chant.

§ I.

En musique, comme dans le plain-chant, il n'y a jamais que deux gammes, la gamme majeure et la gamme mineure, avec cette différence toutefois qu'il n'y a point de pièces incomplètes, et que toutes ont pour finale la tonique même de la gamme sur laquelle elles sont écrites. Aussi toutes les pièces de musique peuvent être rendues en plain-chant par des morceaux qui seront de l'un de ces quatre tons : premier, deuxième, cinquième et sixième ; les deux premiers pour tous les tons mineurs, les deux autres pour tous les tons majeurs.

On doit se rappeler que les tons pairs descendent à la quarte sous la finale sans petites lignes, et que les tons impairs n'y descendent point.

Il suffira maintenant de connaître le nom de la finale, et d'établir la tierce au-dessus, en y appliquant les signes qui seront à la clef, s'il s'en trouve qui doivent influer sur cette tierce ; si la tierce est majeure, la pièce doit être ou du cinquième ou du sixième ton, selon qu'elle descend ou non à la quarte sous la tonique ; si cette tierce est mineure, on traduira la pièce par un premier ou deuxième ton, selon le même principe.

Or les clefs présentent les notes dans le même ordre que nous les avons vues au chapitre II, première partie de cet ouvrage. Prenons donc un des numéros du Recueil de St.-Sulpice, le numéro 88, par exemple, et faisons ce raisonnement (1) :

Dans la première partie de cet air, la finale est *fa*; il n'y a à la clef qu'un bémol, et il n'affecte point la tierce, qui est majeure. C'est donc une gamme majeure en *fa*; elle ne descend point à la quarte sous la finale : cette pièce est conséquemment un cinquième ton.

A la deuxième partie, on a encore *fa* pour finale, avec quatre bémols dont l'un rend la tierce mineure : c'est une pièce complète mineure; et, comme elle ne descend point à la quarte sous la finale, on doit l'inscrire pour le plain-chant au premier ton (finale *la* ou *ré*. Voyez au chapitre des tons complets mineurs).

Si l'on raisonne de même sur le numéro 80, à la deuxième partie de la pièce, on trouvera qu'elle doit être inscrite au sixième ton.

Comme il serait inutile d'étendre davantage les applications, si l'on a compris la formation des gammes (chapitre II, première partie), et plus inutile encore si on ne l'avait point comprise, nous allons joindre ici un tableau pour les personnes qui craindraient encore de se tromper dans ces transpositions. J'y fais correspondre à des clefs du plain-chant toutes les clefs de la musique. Alors, en plaçant les notes données au § II de ce chapitre comme équivalentes, *dans les mêmes intervalles que celles qu'on veut rendre*, on aura l'air

---

(1) Il est traduit en plain-chant à la page 142.

traduit sans faute. Il sera facile ensuite, si on le veut, de rapporter ces pièces aux tons du plain-chant dont elles doivent porter le chiffre, et de supprimer la cinquième ligne, puisque nous avons placé les clefs de manière à ce que cette suppression pût se faire soit dans le haut, soit dans le bas, selon que la pièce descend beaucoup ou non dans les sons graves.

Nous n'avons indiqué les gammes des clefs que par les notes fondamentales ou essentielles.

§ II.

CLEFS DE LA MUSIQUE

avec les Gammes qu'elles annoncent.

§ II.

CLEFS DU PLAIN-CHANT

ayant la même valeur que celles auxquelles elles correspondent.

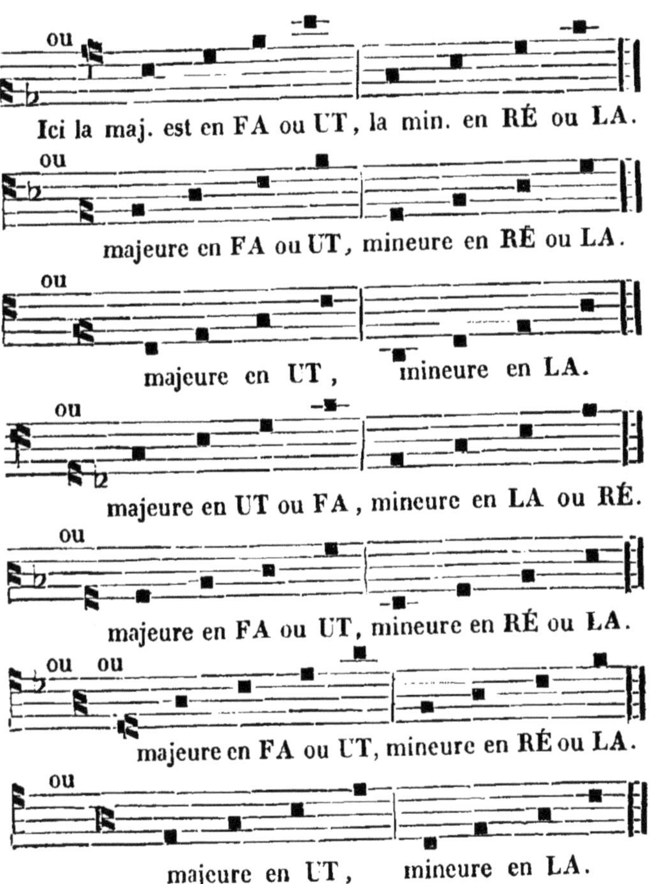

Ici la maj. est en FA ou UT, la min. en RÉ ou LA.

majeure en FA ou UT, mineure en RÉ ou LA.

majeure en UT, mineure en LA.

majeure en UT ou FA, mineure en LA ou RÉ.

majeure en FA ou UT, mineure en RÉ ou LA.

majeure en FA ou UT, mineure en RÉ ou LA.

majeure en UT, mineure en LA.

APPLICATION DU

SUR LES N^{os}

des Cantiques

TABLEAU PRÉCÉDENT

88 ET **80**

de St.-Sulpice.

MINEUR.

mez. La frai-cheur de vos feuil-
la-ges, L'é-cho qui re-dit vos chants,
Vos re-trai-tes, vos om-bra-ges
De sa main sont des pré-sens ;
Il é-mail-le vos plu-ma-ges,
Il vous en-ri-chit d'ap-pas, Il vous
don-ne vos ra-ma-ges, Ne le chan-
te-rez vous pas ?

(1) Ici nous avons placé un guidon ( ) , parce qu'il est nécessaire pour indiquer l'intervalle qui se trouve de la dernière note
du mode majeur à la 1re du mode mineur.

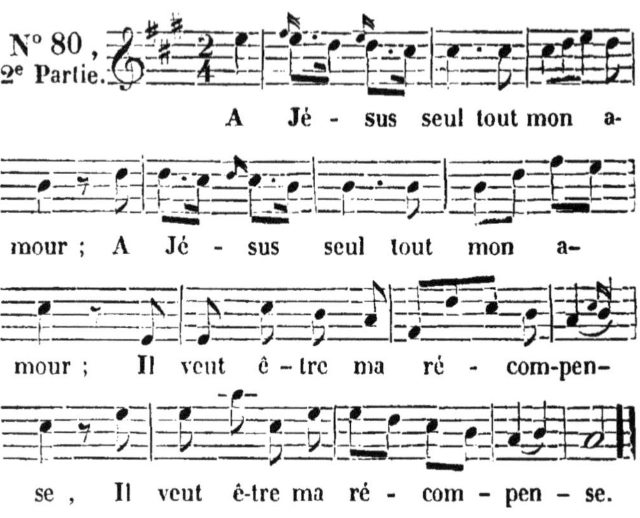

NOTA. Je me suis servi de deux clefs pour le premier air, dans sa 1re partie : elles présentent à la voix les mêmes intervalles à parcourir , et il en est de même de celles qui sont données au tableau précédent. De plus, j'ai placé à la troisième ligne un ♯ sur la syllabe *au*, quoiqu'il y eût un ♮ à la musique : l'effet de ce dernier étant de rapprocher la première note de la seconde d'un demi-ton en l'élevant , je ne pouvais rendre cet effet pour *fa* et *sol* qu'en diésant le premier (Voyez page 16).

On voit aussi que je n'ai placé dans ce tableau que des clefs ordinaires au plain-chant, et avec lesquelles on pût opérer facilement la suppression de la cinquième ligne , soit en haut, soit en bas, selon l'exigence du chant.

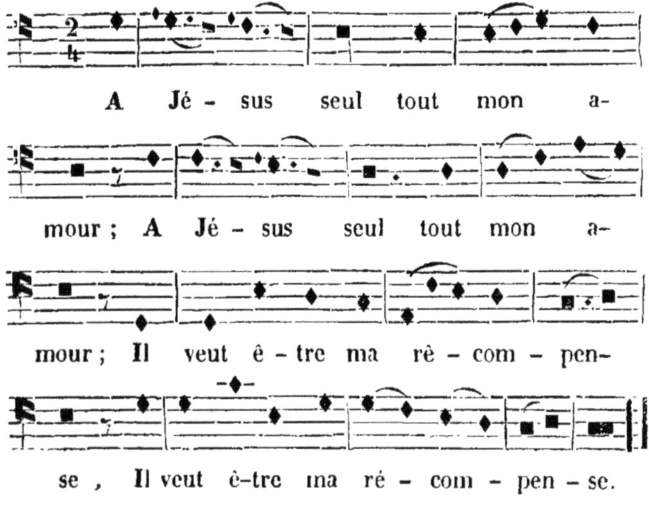

Nous allons placer encore ici deux autres exemples, ne pensant pas qu'il soit nécessaire d'en avoir un plus grand nombre pour comprendre ce mode de transposition. Ceux qui désireraient des connaissances plus étendues pourront consulter notre *UT* et *LA*, où se trouve tout ce qu'un ecclésiastique peut désirer en ce genre.

AIR COMPOSÉ

REFR.
Bravons les en-fers, Bri-sons tous nos
fers, sor-tons de l'es-cla-va-ge;
U-nis-sons nos voix, ren-dons à la croix
un sin-cère et pu-blic hom-ma-ge;
un sin-cère et pu-blic hom-ma-ge. FIN.
Chré-tiens, j'en-tends au-tour de nous re-ten-
tir la voix de l'im-pi-e; fu-reur
vaine im-puis-sant cour-roux, il blas-

PAR M. P.

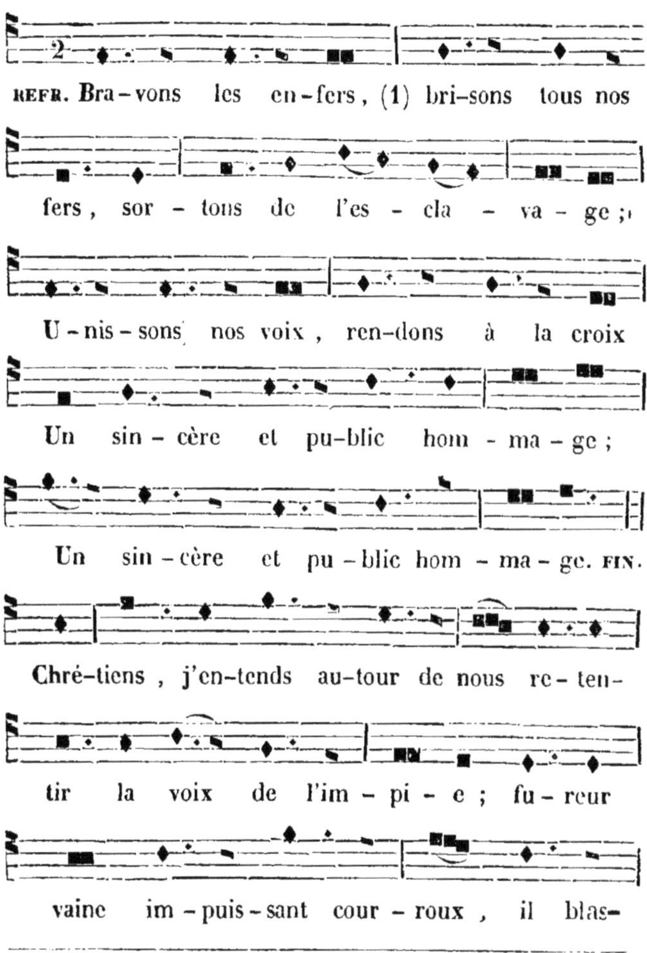

---

(1) Dans ce 3e ex. nous avons supprimé la ligne du haut pour
le plain-chant et rempli la mesure en alongeant la note, lorsque
dans la musique il se trouvait des signes particuliers à celle-ci.

7.

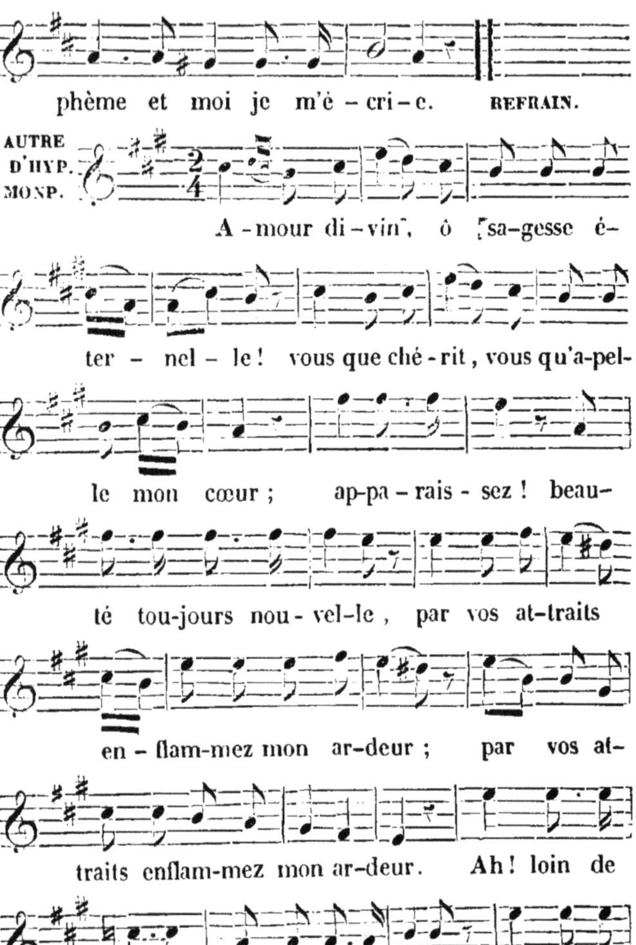
phème et moi je m'é – cri-e.   REFRAIN.
AUTRE
D'HYP.
MONP.
A – mour di – vin", ò sa-gesse é-
ter – nel – le! vous que ché - rit, vous qu'a-pel-
le mon cœur;   ap-pa – rais - sez! beau–
té tou-jours nou – vel-le, par vos at-traits
en – flam-mez mon ar-deur;   par vos at-
traits enflam-mez mon ar-deur.   Ah! loin de
moi la   coupe em-poison-née   qui du mé-

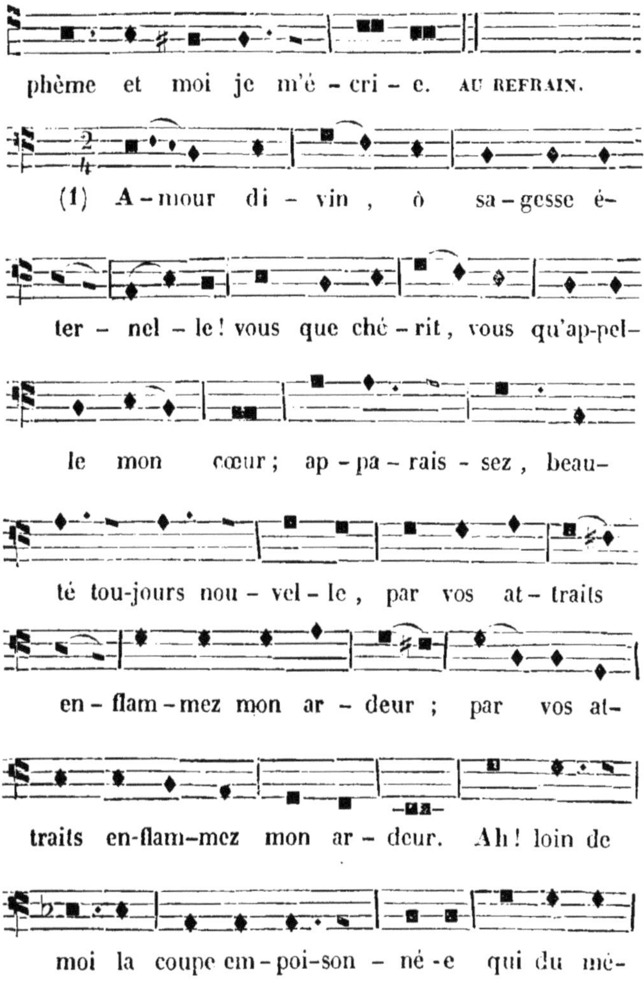

---

(2) Ici nous avons supprimé dans le plain-chant la ligne inférieure.

Clefs de la musique.

chant con - som-me le mal - heur ! Mon Dieu
m'ap - pelle heu - reu - se des - ti - né - e ;
O doux Jé - sus , a-van - cez mon bon - heur !

CHAPITRE III.

Exercices en plain-chant.

CHANT RELIGIEUX POUR L'AVENT.

(1) Nous avons cru faire plaisir en corrigeant quelques-unes des fautes les plus graves.

(2) Ce passage est évidemment en *fa* majeur ; il fallait donc le bémol sur le mot *Ecce.*

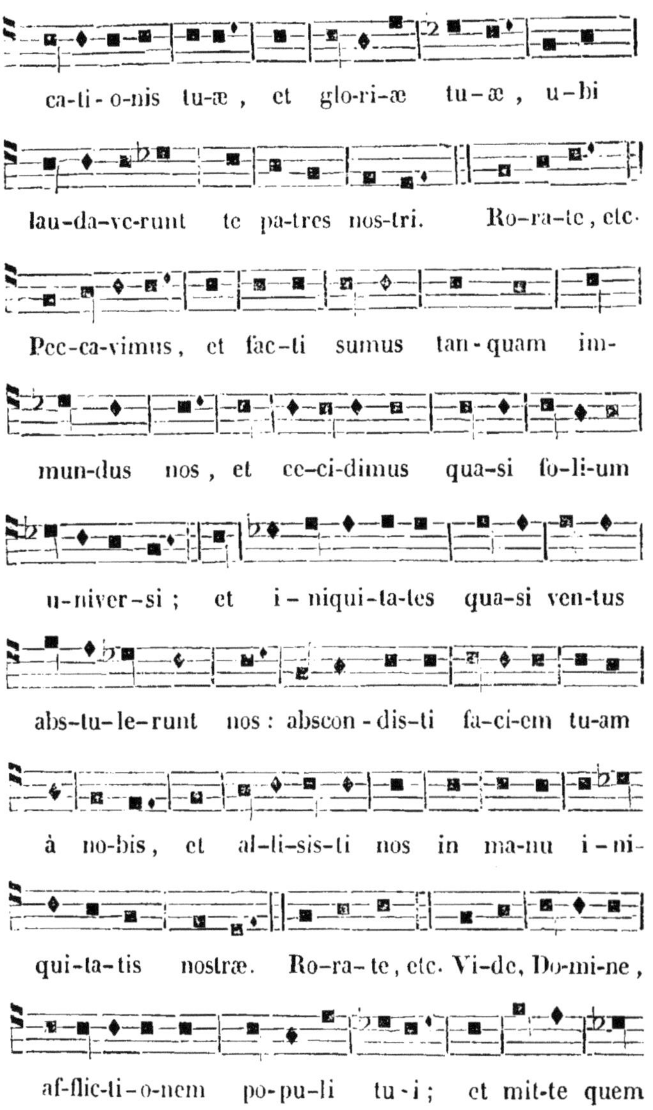

ca-ti-o-nis tu-æ, et glo-ri-æ tu-æ, u-bi
lau-da-ve-runt te pa-tres nos-tri. Ro-ra-te, etc.
Pec-ca-vimus, et fac-ti sumus tan-quam im-
mun-dus nos, et ce-ci-dimus qua-si fo-li-um
u-niver-si ; et i-niqui-ta-tes qua-si ven-tus
abs-tu-le-runt nos : abscon-dis-ti fa-ci-em tu-am
à no-bis, et al-li-sis-ti nos in ma-nu i-ni-
qui-ta-tis nostræ. Ro-ra-te, etc. Vi-de, Do-mi-ne,
af-flic-ti-o-nem po-pu-li tu-i ; et mit-te quem

mis-su-rus es. E-mit-te Agnum do-mi-na-to-rem
ter-ræ de pe-trâ deser-ti, ad mon-tem fi-li-æ
Si-on ; ut au-fe-rat ip-se jugum cap-ti-vi--ta-tis
nos-træ. Ro-ra-te, etc. Con-so-la-mi-ni, con-so-la-
mi-ni, po-pu-le me-us ; ci-tò ve-ni-et sa-lus
tu-a. Qua-rè mœ-ro-re con-su-me-ris, qui-a
in-no-va-vit te do-lor ? Sal-va-bo te, no-li
ti-me-re : E-go enim sum Do-minus, De-us
tu-us, Sanc-tus Is-ra-el, Redemptor tu-us.

Ro-ra-te, etc.

AUTRE POUR LE CARÊME.

A chaque Strophe le Chœur répète Attende, *etc.*

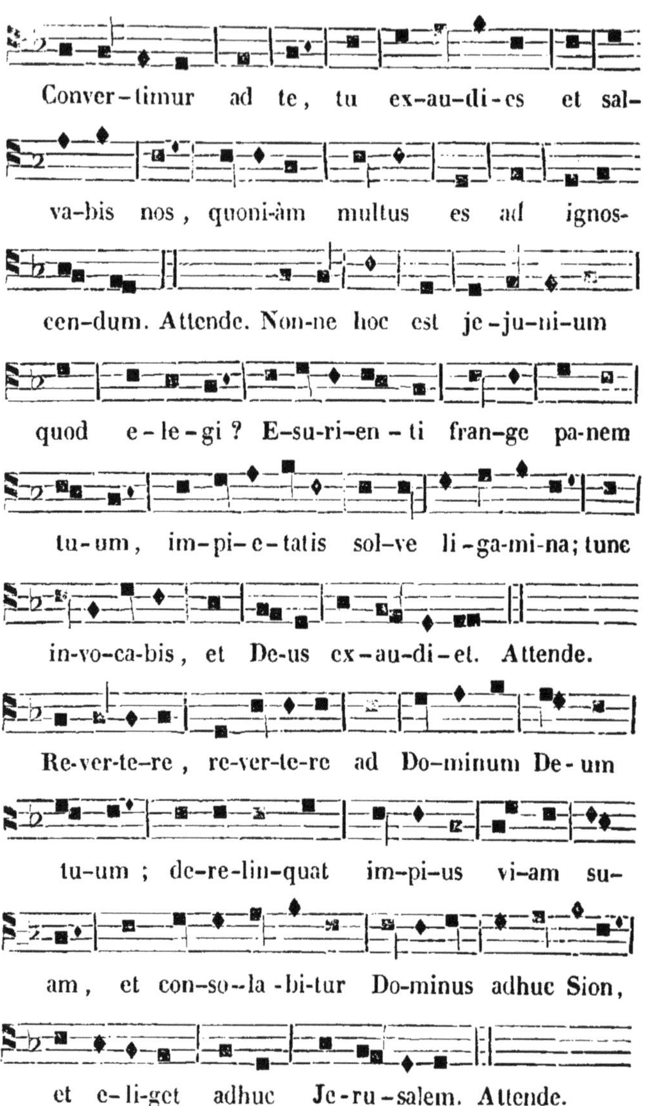
Conver - timur ad te, tu ex-au-di-es et sal-
va-bis nos, quoni-àm multus es ad ignos-
cen-dum. Attende. Non-ne hoc est je-ju-ni-um
quod e-le-gi? E-su-ri-en-ti fran-ge pa-nem
tu-um, im-pi-e-tatis sol-ve li-ga-mi-na; tune
in-vo-ca-bis, et De-us ex-au-di-et. Attende.
Re-ver-te-re, re-ver-te-re ad Do-minum De-um
tu-um; de-re-lin-quat im-pi-us vi-am suam, et con-so-la-bi-tur Do-minus adhuc Sion,
et e-li-get adhuc Je-ru-salem. Attende.

A LA BÉNÉDICTION DU T.-S. SACREMENT.

Ve-ni-te, etc.

In cruce latebat sola **Deitas**;
   At hic latet simul et humanitas :

Ambo tamen credens atque confitens,
Peto quod petivit latro pœnitens.
Jesu, quem velatum nunc aspicio,
Oro fiat illud quod tàm sitio ;
Ut te revelatâ cernens facie,
Visu sim beatus tuæ gloriæ. Amen.

AUTRE CHANT.

Aux Messes des Morts.

On peut encore s'exercer sur les pièces données au ch. V. Nous allons placer ici quelques-uns de nos motets les plus faciles, renvoyant pour les autres à notre collection de motets pour tous les dimanches et fêtes de l'année, dont le plus grand nombre sont notre propriété et tout nouveaux ; un vol. in-8°, lithographié en plain-chant ; à Dijon, chez tous les libraires , prix : 1 f. 50.

CHAPITRE IV.

Exercices en plain-chant musical.

Motet (Air nouveau).

AVEC PIÉTÉ.

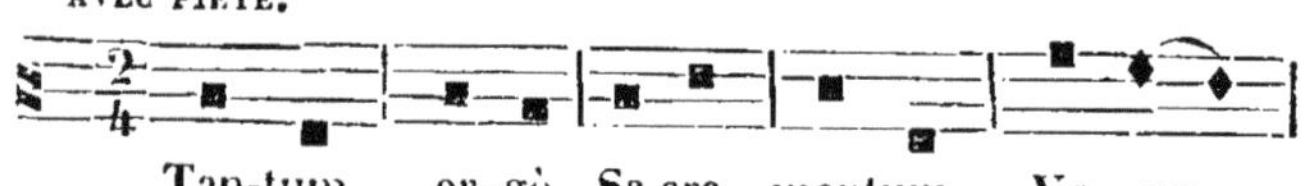

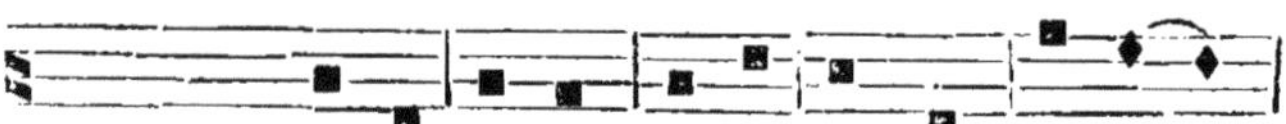

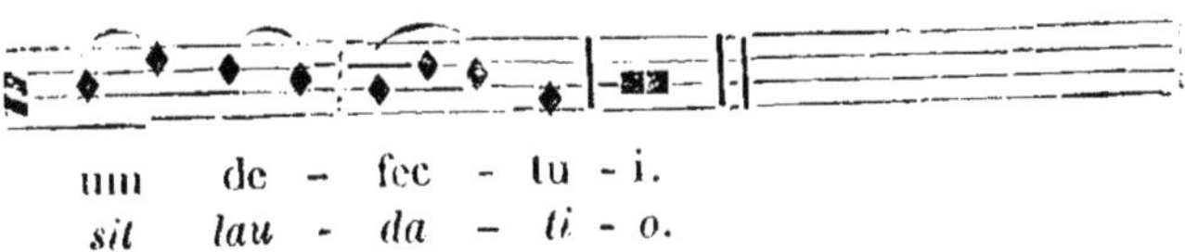

Autre pour l'Avent,

Tiré de notre Collection pour tous les Dimanches et Fêtes.

ro - ti - nus, et se-ro - ti-nus ter - ræ.
On répète jusqu'au mot fin.

Pour le Carême (Chant nouveau).

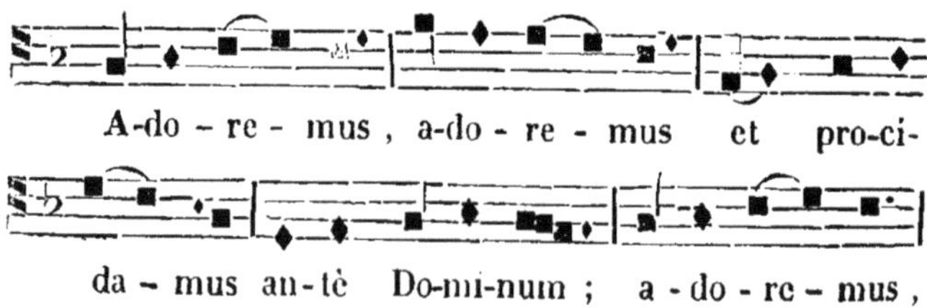

da - mus an - tè Do-mi-num ; a - do - re - mus,

a-do - re - mus et pro-ci - da - mus an-te
Triste.
Do-mi-num. FIN. Plo-re-mus , plo-re-mus , plo-re-
mus coràm Do-mi-no , plo-re-mus, plo - re - mus
coram Do-mi-no qui fe - cit nos. Plo-remus,
plo - re - mus , plo-re-mus, plo-re-mus co-ràm
Un peu plus vite.
Do-mi-no qui fe - cit nos. Nos au-tem po-
pu-lus e - jus, nos au-tem po-pu-lus et o-
ves , et o-ves , et o - ves ma - nùs e-jus,
et o-ves ma-nùs e - jus. Adoremus, etc.

Pour l'Élévation (Chant nouveau).

Pour la Bénédiction du T.-S. Sacrement

(Tiré de notre Collection pour tous les Dimanches et Fêtes).

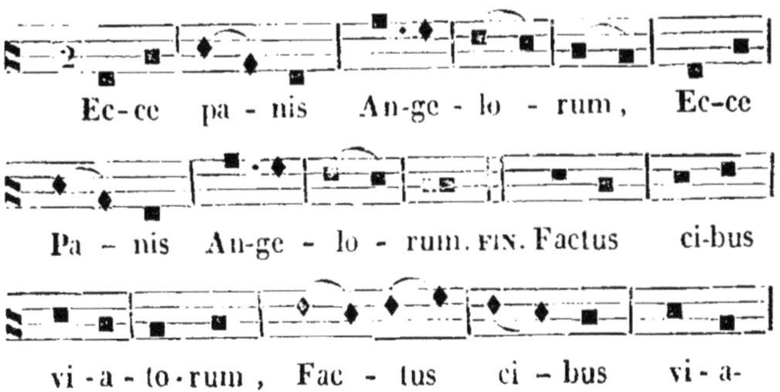

Après chaque strophe le chœur reprend : *Eccè pa-
nis* jusqu'au mot *fin.*

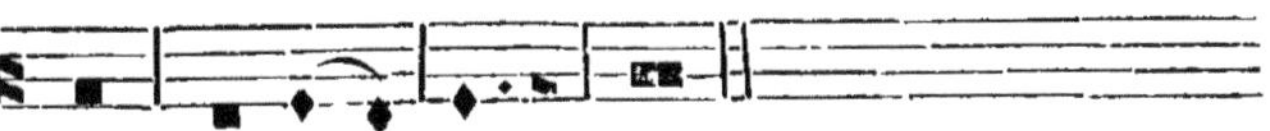

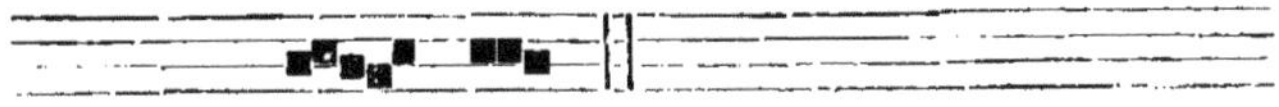

Pour les Messes de Morts (Tiré du même Recueil). (1)

(1) Nous n'avons cité que trois pièces de ce Recueil quoiqu'il en contienne plus de *vingt cinq entièrement nouvelles*, et qui sont notre *propriété*. Nous avons eu soin aussi de ne point donner les mêmes que dans la première édition du Manuel de chant, afin de ne pas faire de double emploi. On trouve le choix de Motets pour tous les dimanches et fêtes de l'année, en un volume in-8°, lithographiés en plain-chant, chez tous les libraires de Dijon ; et à Paris, chez M. Pélissonnier, rue des Mathurins S.-Jacques, au prix de 1 f. 5'.

nos — tri. Miseremini, etc.

Tantum ergò attribué à M. Travesini.

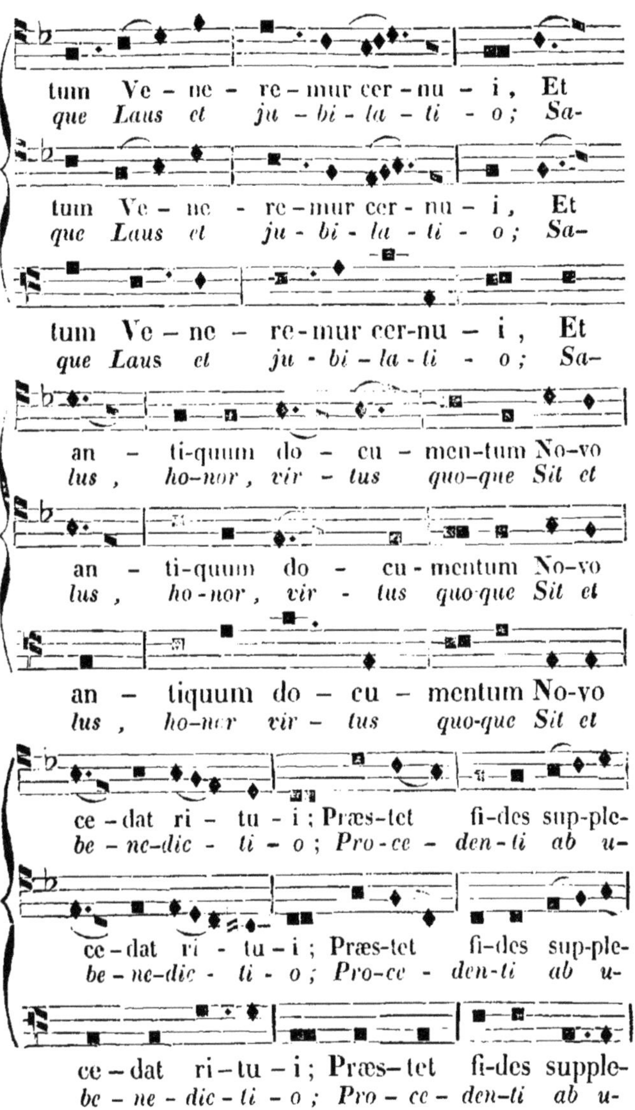

tum Ve — ne — re — mur cer-nu — i, Et
que Laus et ju — bi — la — ti — o; Sa-
tum Ve — ne — re — mur cer-nu — i, Et
que Laus et ju — bi — la — ti — o; Sa-
tum Ve — ne — re-mur cer-nu — i, Et
que Laus et ju — bi — la — ti — o; Sa-
an — ti-quum do — cu — men-tum No-vo
lus, ho-nor, vir — tus quo-que Sit et
an — ti-quum do — cu — mentum No-vo
lus, ho-nor, vir — tus quo-que Sit et
an — tiquum do — cu — mentum No-vo
lus, ho-nor vir — tus quo-que Sit et
ce — dat ri — tu — i; Præs-tet fi-des sup-ple
be — ne-dic — ti — o; Pro-ce — den-ti ab u-
ce — dat ri — tu — i; Præs-tet fi-des sup-ple
be — ne-dic — ti — o; Pro-ce — den-ti ab u-
ce — dat ri — tu — i; Præs-tet fi-des supple-
be — ne — dic — ti — o; Pro — ce — den-ti ab u-

men - tum   Sen — su — um de — fec — tu — i ;
tro - que   Com - par sit lau - da - ti - o ;

men - tum   Sen — su — um de — fec — tu — i ;
tro - que   Com - par sit lau - da - ti - o ;

men - tum   Sen — su — um de — fec — tu — i ;
tro - que   Com - par sit lau - da - ti - o ;

Præs - tet   fi — des sup - ple - men — tum Sen—
Pro - ce — den — ti ab u — tro - que Com—

Præs - tet   fi — des supple - men — tum Sen—
Pro - ce — den - ti ab u — tro — que Com—

Præs - tet   fi — des supple — men - tum Sen—
Pro - ce — den - ti ab u — tro - que Com—

su — um de - fec — tu — i ; Præs — tet
par   sit lau - da — ti — o ; Pro — ce-

su — um de - fec — tu — i ; Præs — tet
par   sit lau - da — ti — o ; Pro — ce-

su — um de — fec - tu — i ; Præs — tet
par   sit lau — da - ti — o ; Pro — ce-

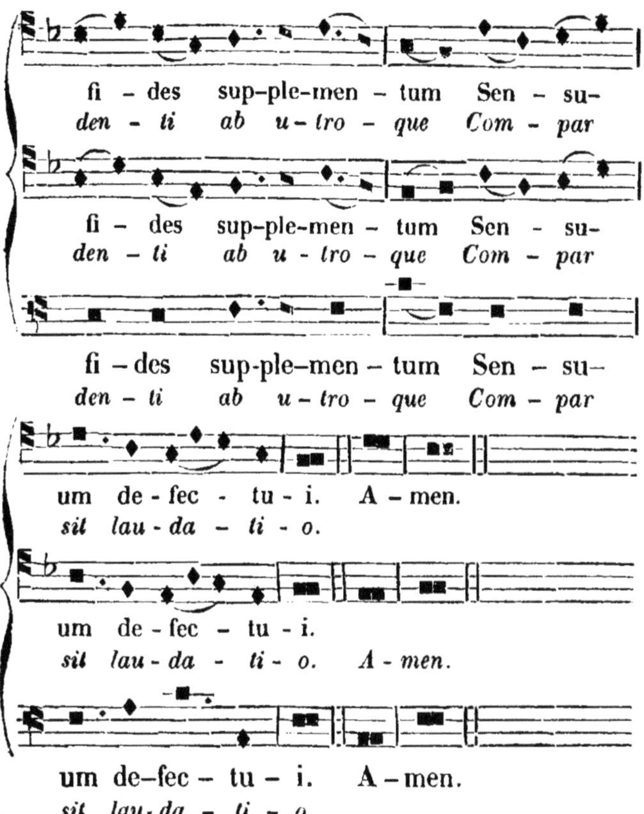

fi – des sup–ple–men – tum Sen – su–
den – ti ab u – tro – que Com – par
fi – des sup–ple–men – tum Sen – su–
den – ti ab u – tro – que Com – par
fi – des sup–ple–men – tum Sen – su–
den – ti ab u – tro – que Com – par
um de – fec – tu – i. A – men.
sit lau – da – ti – o.
um de – fec – tu – i.
sit lau – da – ti – o. A – men.
um de–fec – tu – i. A – men.
sit lau – da – ti – o.

8.

CHAPITRE V.

Second supplément aux livres liturgiques de Paris (1).

Ayant l'intention de rendre cet ouvrage le plus complet possible, nous allons, dans ce ch., donner quelques tons nouveaux pour les hymnes dont le chant ordinaire est peu agréable ou trop difficile ; nous y noterons aussi des pièces qui ont été oubliées dans les portatifs ; et enfin nous terminerons par un tableau complet des intonations des *Gloria, Credo*, etc., selon le rit des solennités.

§ II.

Tons nouveaux et indications de chants pour les hymnes.

1° Hymnes du mètre ïambique :

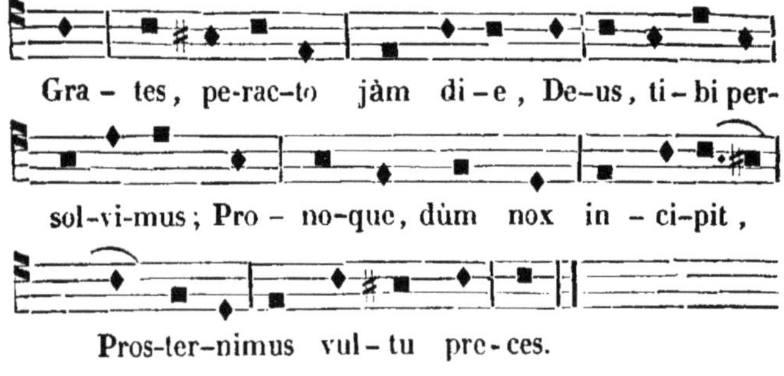

(1) V. IIe partie, page 117 bis.

Autre.

Autre.

1 Vos e - le-git vi - ca - ri - os. (Voyez aussi les hymnes de saint Etienne aux 2e vêpres, de la Circoncision, de
l'Ascension, etc.)

2° Iambes trimètres :

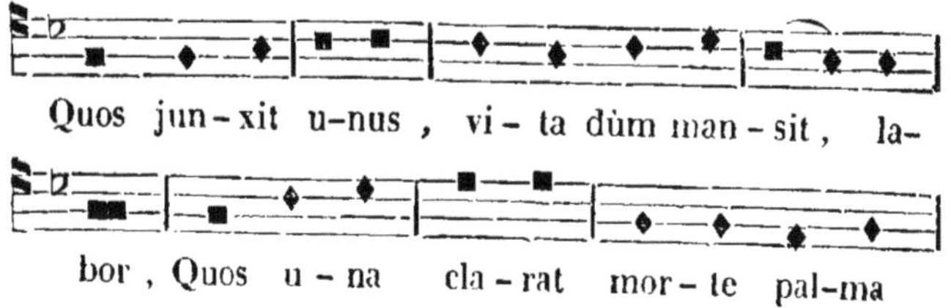

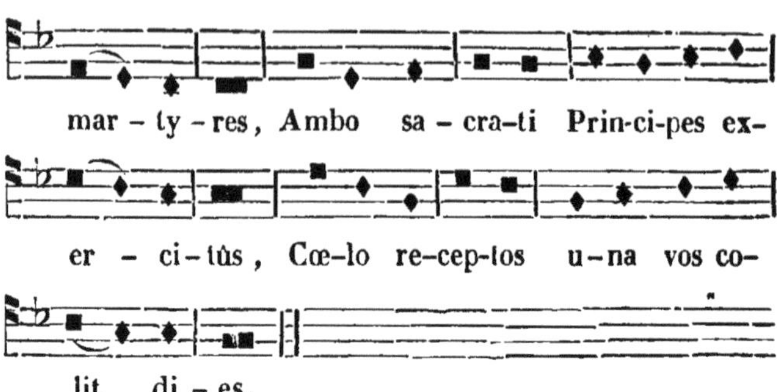

3° **Trois vers asclépiades et un glyconique :**

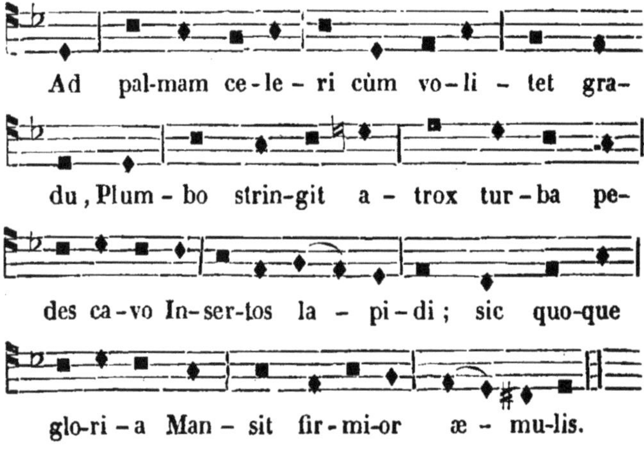

Autre (tiré du chant bisontin). (1)

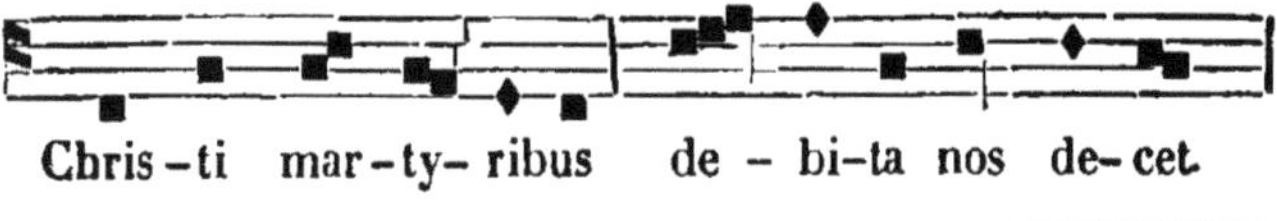

---

(1) Nous avons toujours soin d'indiquer ce qui ne nous appartient point en propriété.

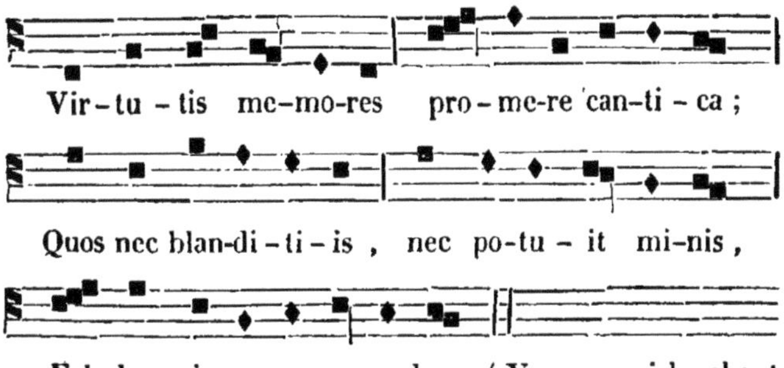

(Voyez aussi le chant
des hymnes suivantes : *Sacris solemniis*, etc.; *Nunc inter
populos*, etc.

4° Vers brachycatalectes (Chant imité du N° 8 qui suit):

5° Vers trochaïques :

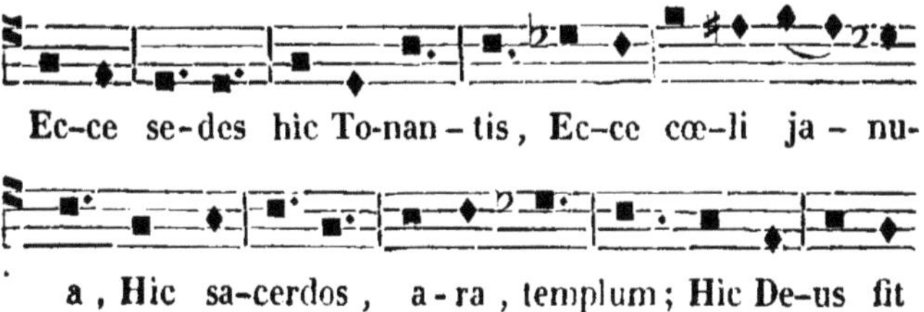

(Voyez aussi les divers chants du Tantum ergò, celui de l'Hymne du 29 septembre, etc.).

6°. Pour les hymnes du mètre alemanc nous pensons qu'il suffit d'indiquer celle de l'Assomption.

7°. Pour celles du mètre alcaïque nous indiquerons le beau chant de *Stupete gentes ; Templi sacratas*, etc.

8°. Deux vers asclépiades, un vers phérecratien et un glyconique peuvent être chantés sur le ton suivant, tiré des livres d'Autun :

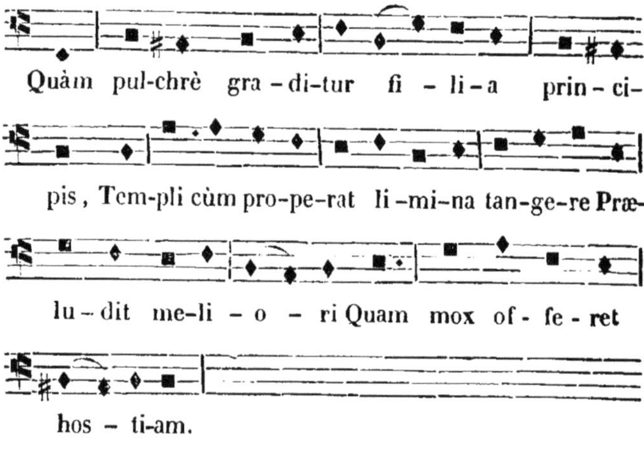

(On chante aussi les hymnes de ce mètre sur le ton de : *Hymnis dùm resonant*, etc).

9°. Enfin, pour les hymnes dont chaque strophe est composée de trois vers saphiques et d'un vers adonique, il suffit d'indiquer les chants des hymnes suivantes : *Debitam morti*, etc ; *Christe, Pastorum*, etc ; *Christe prolapsi*, etc.

§ II.

Pièces qu'on trouve rarement dans les livres portatifs.

1° LITANIES.

Celles des saints, qu'on chante aux processions, peuvent l'être sur le ton suivant :

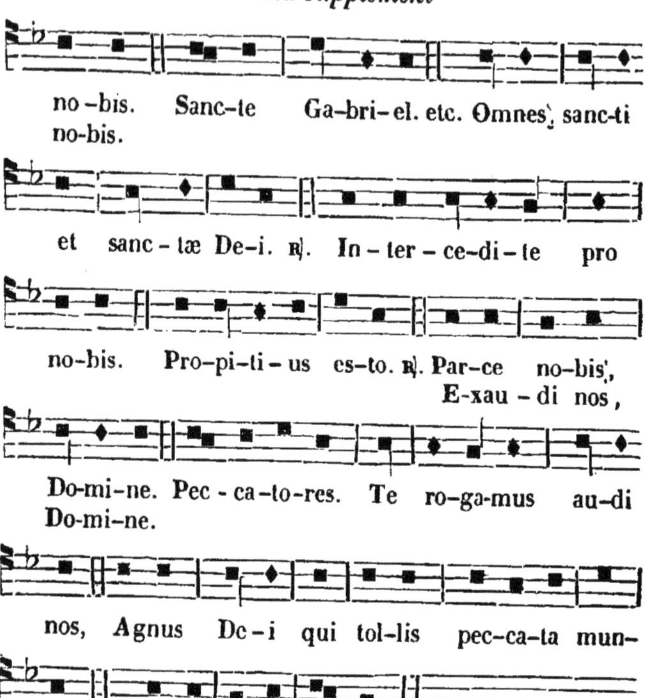

Dans quelques localités on chante la 2ᵉ partie de ces litanies sur le ton qui suit, en prenant le *la* précédent à l'unisson avec l'*ut* ci–desous :

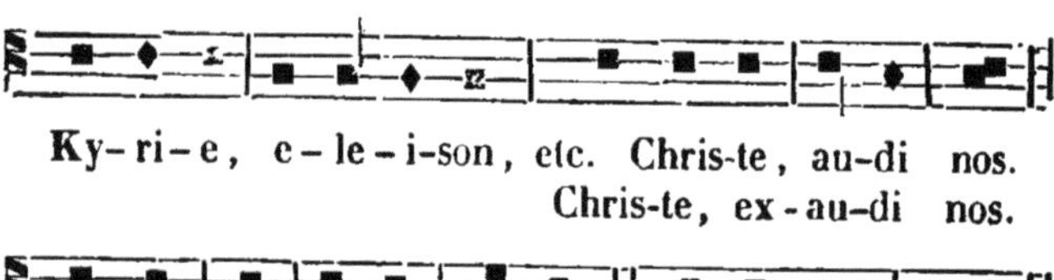

On peut chanter les litanies de la Sainte Vierge comme il suit : (1)

(1) Ce chant présente les intonation, médiation et terminaison des ps. du 5ᵉ ton en C. Voyez, en les règles, p. 106.

Et tout le reste de la même manière.

Les mêmes litanies peuvent être chantées par deux chœurs sur le ton ci-dessous :

Dans ce chant on répète deux fois les mots *Regina sanctorum omnium*, et l'on termine ainsi :

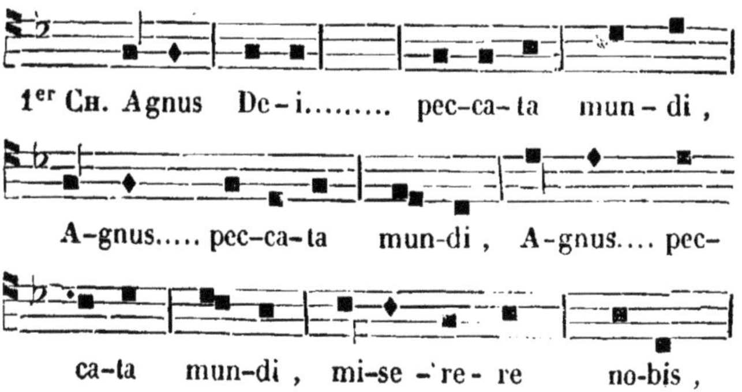

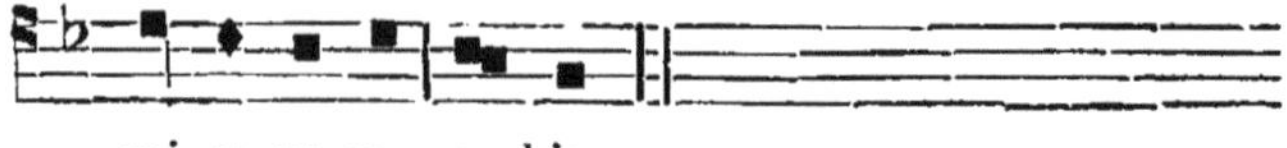

Celles du Cœur de Jésus peuvent être chantées comme il suit :

Ou bien à 2 chœurs sur le ton suivant :

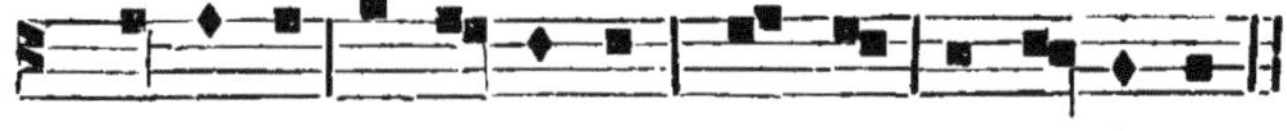

Et tout le reste de même alternativement, jusqu'au
3e *Agnus*, après lequel le 2e ch. répète *Christe, audi
nos*, etc., comme plus haut.

Nota. Dans ce chant les deux chœurs peuvent chanter en même temps les mêmes paroles, sur leur ton
respectif, pourvu que la mesure soit bien observée :

Enfin, les litanies du St. Nom de Jésus peuvent
être chantées ainsi :

Et tout le reste de même jusqu'au 3e *Agnus* inclusivement, après lequel on termine ainsi :

2° Chant à la Vierge.

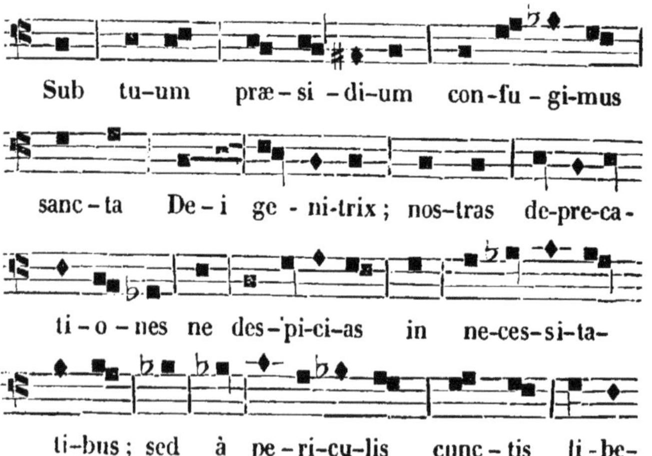

Autre.

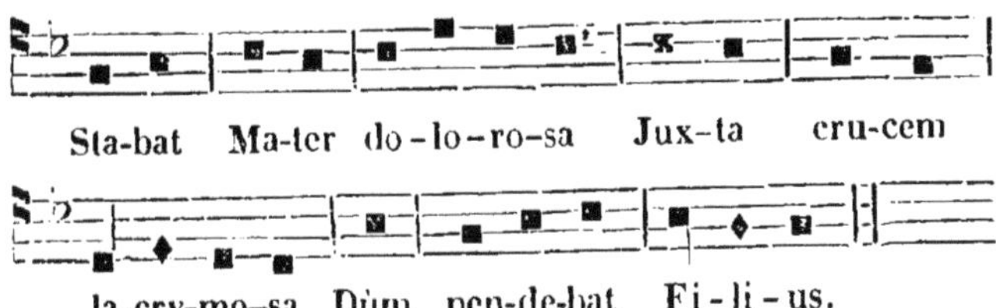

4° Chants des *Gloria, Credo, Ite Missa est, Benedicamus, etc.*

1° A la Messe de Dumont :

2° Aux fêtes annuelles et solennelles majeures :

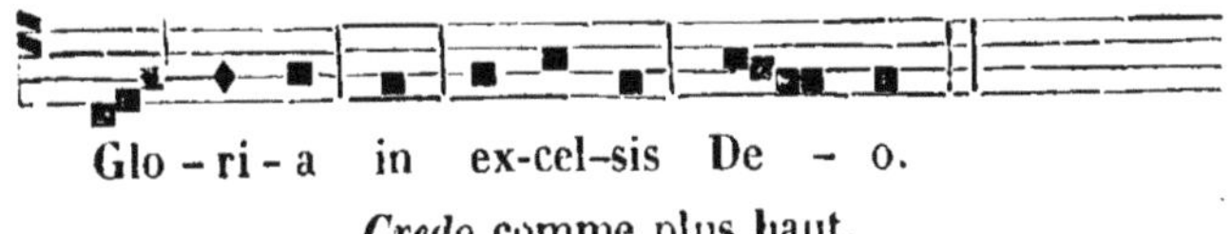

Credo comme plus haut.

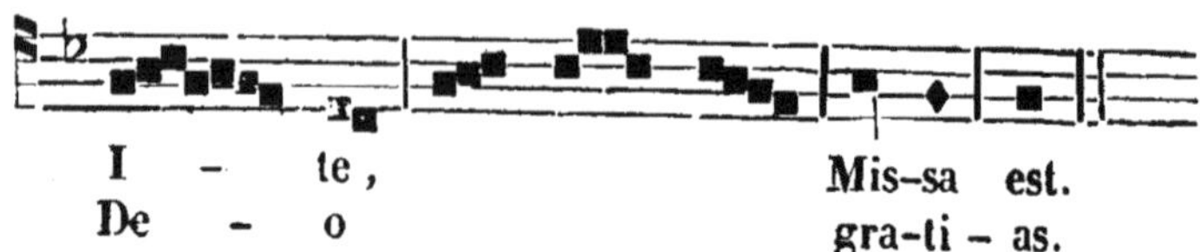

3° Solennelles mineures.

Ou sur le ton des *Kyrie :*

4° Doubles-Majeures :

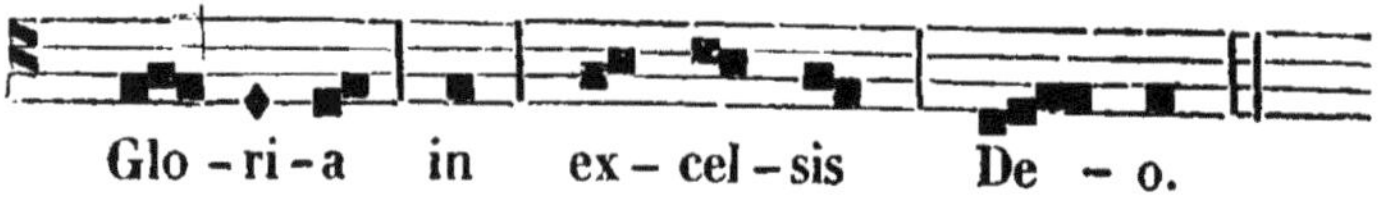

Credo comme aux solennelles mineures.

Ou sur le ton des *Kyrie :*

5° Aux Doubles-Mineures :

6° Aux Semi-doubles :

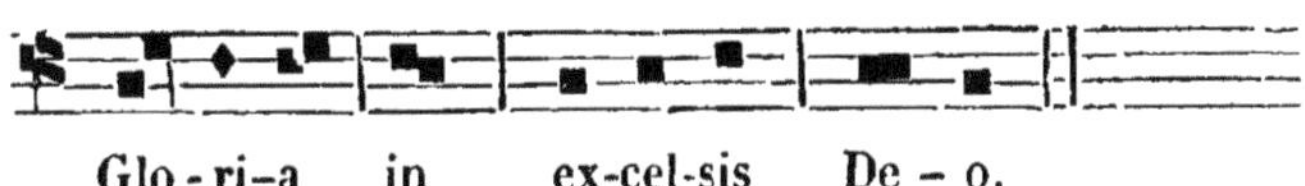

Ou sur le ton des *Kyrie* :

7° Aux Simples :

Credo, comme celui des trois rits précédents.

8° Veilles de Pâques et de la Pentecôte :

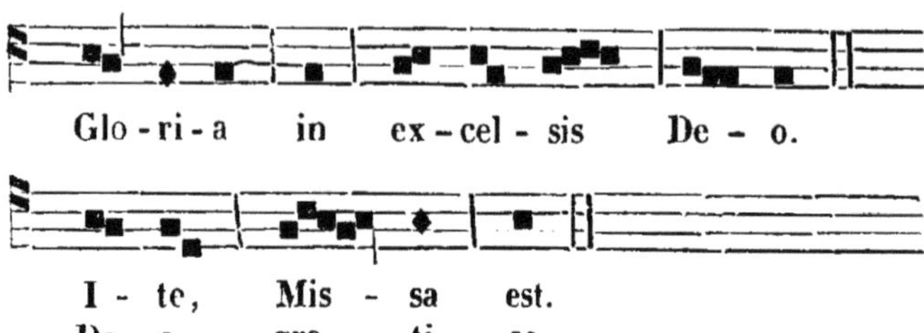

9° Pendant l'Avent et le Carême :

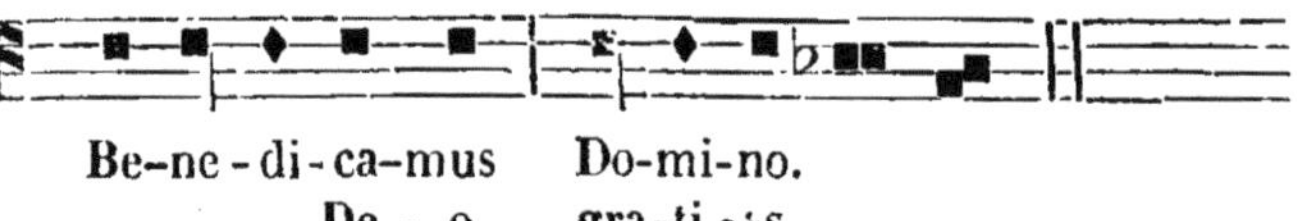

10° Enfin aux messes de Morts :

FIN.

LIVRES DE FONDS

CATÉCHISME DOGMATIQUE ET MORAL, ouvrage utile au peuple, aux enfants et à ceux qui sont chargés de les instruire ; par **M. J. COUTURIER,** ancien Jésuite, professeur d'éloquence et curé de Léry ; 8e *édition*, aug. de *Sous-demandes*, etc., à la suite de chaque leçon ; 4 gros vol. in-12, impr. avec soin, beau papier, 11 fr.

EXPLICATION DE LA DOCTRINE CHRÉ-TIENNE, en forme de lectures, tirée du Catéchisme dogm. et moral de **M. J. COUTURIER,** 2e édit., revue et corrigée par Mgr. **MORLOT,** évêque d'Orléans ; 2 gros vol. in-12, 5 fr. 50 cent.

C'est le *Catéchisme de Couturier,* sous une forme nouvelle, mieux appropriée aux besoins de tous. On a lié et coordonné les explications et les développements en faisant disparaître les *de-mandes* et les *réponses,* et tout ce qui pouvait faire croire que cet ouvrage n'aurait été fait que pour des enfants. Ce n'est donc plus un Catéchisme, mais un cours de lectures suivies, de huit à dix minutes chaque, où l'on trouvera toujours la naïveté, la candeur et le langage paternel de M. COUTURIER.

ABRÉGÉ DU CATÉCHISME dogmatique et moral du même auteur, par **M.** l'abbé......, utile aux caté-chistes, etc. ; 2e édition, revue et corrigée avec soin ; 1 très-gros vol. in-12, 2 fr. 50 cent.

Le modeste ecclésiastique, chanoine et proviseur d'un Collége royal, qui a bien voulu se charger de réduire cet ouvrage, s'est appliqué surtout à le mettre à la portée des enfants en conservant le style simple et familier de M. COUTURIER, et en ne retranchant que les objets qui pourraient fatiguer ou leur attention par trop d'étendue, ou leur intelligence par des détails trop relevés pour eux.

HISTOIRE DE L'ANCIEN TESTAMENT, ré-digée pour l'instruction et l'édification des Fidèles, par **M. J. COUTURIER,** auteur du Catéchisme ; 4 gros vol. in-12, bien impr. sur papier fin, ornés d'un beau por-trait de l'auteur, 12 fr., à 10 fr.

LA BONNE JOURNÉE, ou manière de sanctifier la journée, pour les gens de la campagne, 1 vol. in-18, couverture impr., 25 cent.; la douz., 2 fr. 25 cent.

ABRÉGÉ PRATIQUE de la **DOCTRINE** chrétienne, *ouvrage inédit* de M. Couturier, 3e édition, un vol. in-18, 30 cent.; la douz., 3 fr.

HISTOIRE DE TOBIE, ou la Famille sainte proposée pour modèle; un joli vol. in-18, couvert. impr., 50 cent.; la douz., 5 fr.

LE BON MARIAGE, ou avis à la jeunesse chrétienne pour un saint établissement, suivi **DU BON MÉNAGE**; in-18, 75 cent.; la douz., 6 fr. 50 cent.

(Ouvrage inédit et nouveau.)

INSTRUCTION ET CONDUITE pour la première Communion, extraites des ouvrages de M. Regnault, prêtre, et de M. Couturier, ancien curé de Léry; ouvrage utile aux enfants qui se disposent à faire une bonne Communion; in-18, 25 c.; la d., 2 fr. 25 c.

HEURES CHOISIES ou **RECUEIL DE PRIÈRES** pour tous les besoins de la vie, avec des Instructions pratiques pour toutes les fêtes de l'année, par Mme la Marquise d'Andelarre; 8e édit., revue, corrigée et augmentée, par Mgr. Morlot, évêque d'Orléans. Un gros vol. in-18 de 666 pages, très-bien impr., rel. propre 3 fr.

Le même Ouvrage, papier vélin, rel., 3 fr. 75 c.

Le même Ouvrage, 9e édition, grand in-32, papier vélin, caractères neufs, relié, 2 fr. 25 cent.

Il y a des rel. d. sur tranche riches, de divers prix.

ÉDITION DE LUXE DES HEURES CHOISIES.

Un gros volume in-18, de 684 pages, papier vélin grand-raisin, avec de jolies vignettes et des lettres ornées. — Prix, broché ou en feuille, 5 fr.